Hildegard von Bingen

Umarmt vom lebendigen Licht

HILDEGARD VON BINGEN

Umarmt vom lebendigen Licht

PROPHETISCHE WORTE UND GEBETE

Ausgewählt und übersetzt von
Maria-Assumpta Hönmann OSB

Mit einer Einführung von
Hanna-Barbara Gerl

HERDER

FREIBURG · BASEL · WIEN

Umschlagbild: Miniatur aus Scivias, Rupertsberger Codex (Wiedergabe mit freundlicher Erlaubnis des Verlags Otto Müller, Salzburg). Das goldene Kreiselement oben bezeichnet die unbegreifliche Fülle des lebendigen Lichtes des dreifaltigen Gottes; im Kreis darunter die sechs Schöpfungstage. Die dunkle mittlere Zone deutet auf die Finsternis der Sünde und des Todes, in die der Mensch, da er die Blume der Gebote Gottes nicht ergriffen hat, gefallen ist. Die Patriarchen und Propheten leuchten darin wie Sterne Gottes. Unten steigt die Lichtgestalt des Erlösers auf, seine Lichtflammen leuchten in die Finsternis und ergreifen den blutroten alten Menschen, um ihn zu befreien. – Schwarzweiß-Abbildungen S. 37, 49, 73, 97, 121 aus Scivias, S. 9 aus De operatione Dei.

Herstellung: Freiburger Graphische Betriebe
ISBN 3-451-23189-1

INHALT

EINFÜHRUNG
HILDEGARD UND DAS DRAMA ZWISCHEN GOTT UND MENSCH

Von Hanna-Barbara Gerl

I
ANFANG DES BETENS

II
DER KUSS DES SCHÖPFERS

III
DER GROSSE ARZT

IV
DAS WERK DES HEILS

V
WEGE ZUM LEBENDIGEN LICHT

NACHWORT

Von Maria-Assumpta Hönmann

EINFÜHRUNG

HILDEGARD UND DAS DRAMA ZWISCHEN GOTT UND MENSCH

Von Hanna-Barbara Gerl

Wunden, Kampf und Heil sind ein Thema jeder Generation, und diese Tatsache wird vermutlich noch lange währen. Läßt sich aber mit Hilfe einer 800jährigen Frau davon sprechen? Ein solches Vorgehen wäre (und bleibt vielleicht) zweifelhaft, Hildegard über 800 Jahre hinweg auch auf heutige ungeheuerliche, unvernarbte Verwundungen zu blenden – wenn nicht diese weise und kühne Gestalt den Grund der Urverletzung so klar ausgesprochen hätte. Mehr als das: Wenn sie nicht gleichzeitig auch Gründe für Hoffnung im Bodenlosen gegeben hätte, selbsterprobte Anleitungen zum Kampf. Und wenn sie nicht einen Namen und ein Antlitz für das Heil gewußt hätte – den Namen des Souveräns, der auch im unwegsamen Land der Seelen noch souverän bleibt. „Weil in Wahrheit deine Allmacht alle Mächte in Zaum hält."[1]

Voraus ist zu sagen, daß auch Hildegard mißverstanden und mißbraucht werden kann. Es ist nicht ein bestimmtes Getreide, nicht dieser und jener Halbedelstein für diese und jene Krankheit, überhaupt nicht eine handgreifliche Rezeptur, worauf der Glaube der Ungläubigen so gerne antwortet – Erlösung durch Diät hieße Hildegard unterschätzen. Wirkliche Remeduren gehen tiefer, weil auch die wirklichen Verletzungen tiefer gehen. Die große Heilerin wird mit Tinkturen eher verkleinert und esoterisch verbilligt. Hildegard ist groß, zielt auf das Großgedachte. Es geht ihr um uns rätselhafte Zerstörer und Zerstörte, und darum, ob sich an diese Zerstörung überhaupt jemand wagt, überhaupt ein Richter im Sinne von Aufrichten und Geraderichten ihr gewachsen ist. Es geht um das Drama, dessen ebenso blinde wie dreiste Protagonisten wir sind und dessen ewiger Mitspieler unser Stolpern und Stümpern korrigiert, einer Lösung zulenkt, die Gemeinheiten bricht. Dieses Spiel sieht Hildegard – wenn man in „Spiel" auch das *Verspielen* und die Trauer des Versagens mithört. „Immer haben wir den Geschmack des Paradiesesapfels im Munde"[2], den Geschmack der Empörung, der Selbstzerstörung.

1. Wunden

Von welchen Wunden ist die Rede? Es geht nicht um mehrere, diese oder jene, sondern um die Quelle aller Wunden. Weshalb sind wir, Geschöpfe des Guten in einer guten Schöpfung, überhaupt verwundbar und an welcher genauen Stelle sitzt die Urwunde? Werden wir zurecht „mit starker Macht aus dem leuchtenden Land vertrieben"?[3] Wenn sich das klar benennen ließe, läge in der Benennung selbst schon Hilfe.

Hildegard sieht durch vielerlei vordergründige Verletzungen eine empfindliche Stelle: die ungeschützte Flanke. Mehr noch: Sie sieht, daß sie ungeschützt sein muß, weil Gott sie nicht absichern will, sonst würde er sein Geschöpf merkwürdigerweise beschädigen. Der Mensch selbst müßte sich hier – falls Gott so etwas „Hilfreiches" aufzwingen würde – gegen jedes Eingreifen verwahren.

Um das Gemeinte zu erfassen, ist folgende Tatsache durchzudenken: Der Mensch stammt aus Gott, lebt aus ihm, atmet aus seiner Kraft, nährt sich gänzlich aus dieser Beziehung. Ein sichtbares Beispiel aus unserer Welt: Jedes Kind lebt naturhaft eine selige Abhängigkeit von seinen Eltern, freut sich ihrer, nutzt sie, lebt im Spiegel dessen, was ihm entgegenkommt. Der reife Mensch kennt diese schöne Tatsache auch – sie begegnet ihm nicht einmal vorrangig im Religiösen, sondern in den Freundschaften, den Bindungen, in allem, was ihn von den anderen her erfüllt: „Die volle Freude kann der Mensch ja nicht aus sich selber haben: sie muß ihm vielmehr von einem anderen geschenkt werden. Erkennt der Mensch aber diese Freude, die ihm von anderen entgegenkommt, dann empfindet er in seinem Herzen ein großes Entzücken. Denn dann erinnert sich die Seele, wie sie von Gott geschaffen ist."[4] Ja, der Mensch erfährt eine ausgesprochene Dienstwilligkeit der Dinge – gegenüber allem neuzeitlichen Verdacht, sie würden sich eigentlich lieber seiner Herrschaft entziehen: „Von der Kraft der Geschöpfe umgeben, kann er niemals von ihnen getrennt werden, denn die Weltelemente, dem Menschen zum Dienst geschaffen, bieten ihm ihre Hilfe an."[5] Und am Boden aller freundschaftlichen Beziehung taucht das Bild des Urfreundes auf, mit ihm die Urfreude; die Seligkeit, gewollt zu sein. Hildegard nennt es die „fröhliche Wissenschaft", *laeta scientia,* 700 Jahre vor Nietzsche[6]. Diese Seligkeit ist allem aus Gott Entsprungenen gemeinsam; er hat seine Schöpfung in ein Netz der Freundschaft geworfen: „Jedes Geschöpf ist mit einem anderen verbunden, und jedes Wesen wird durch ein anderes gehalten *(creatura per creaturam continetur)*."[7] Noch schöner, ein kleines Stück Poesie: „Die Kräuter bieten einander den Duft ihrer Blüten an, ein Stein strahlt seinen Glanz auf die anderen, und alles, was lebt, hat einen Urtrieb nach liebender Umarmung."[8] „Wie sehr hat das Geschöpf nach dem Kuß des Schöpfers verlangt ..."[9] Mit einem gewohnteren Ausdruck, der freilich wegen seiner Bekanntheit vieles zudeckt, läßt sich sagen: Die Schöpferkraft ist bei Hildegard nicht so sehr Weisheit[10], erst recht nicht Konstruktionswille, sondern, ganz verdichtet, Liebe.

Dieses freilich längst abgestandene Wort läßt

sich bis zum Ungewohnten und Überhörten verfolgen. Der Akt der Schöpfung ist vollständig ein Akt der Liebe, von Hildegard sogar in Entsprechung zur Zeugung des Sohnes gedacht: „Wir sind die Glieder, die du in Liebe geschaffen hast. So wie du in jener Liebe glühst, als du deinen Sohn vor aller Schöpfung in der Urmorgenröte gezeugt hast"[11] – beides eine Handlung des göttlichen Eros. Inspiriert von der Genesis, aber abgewandelt, läßt Hildegard die Liebe selbst als ein strahlend schönes Mädchen erscheinen, in Weiß, Gold und Saphirblau. Im folgenden Text bleibt undeutlich, ob Gott und dieses herrliche Mädchen, das Hildegard im Verlauf *materia* nennt, zusammen die Welt hervorbringen, oder ob das Mädchen gleichsam eine Inkarnation Gottes (sein Sohn?) selber ist. Es gäbe durchaus Sinn, eine Liebesbegegnung Gottes und der Materia in folgender Stelle zu erkennen: „Und ich hörte eine Stimme, die zu mir sprach: Das Mädchen, das du siehst, ist die Liebe *(caritas)*. In der Ewigkeit hat sie ihre Heimat. Denn als Gott die Welt erschaffen wollte, da neigte er sich in der zärtlichsten Liebe *(suavissimo amore)* herab. Alles Lebensnotwendige sah er voraus, und dies ganz in der Weise, wie auch ein Vater seinem Sohn das Erbe bereitet. Und so bildete er in glühendem Liebesbrand *(in magno ardore)* alle seine Werke. Damals erkannte die Schöpfung in all ihren Gestalten und Formen ihren Schöpfer, denn die Liebe war im Anfang als *materia* schon da, als Gott sprach: Es werde! Und es ward. Wie in einem Augenblick wurde die ganze Welt durch die Liebe gebildet. Die ganze Welt nennt daher auch dieses Mädchen ‚Herrin'. Denn aus der Liebe ist die Schöpfung hervorgegangen, weil die Liebe das Allererste war."[12] Eine solche Stelle läßt sich nicht pressen, genau so wenig wie die Genesis selbst, in welcher ja die Urwasser, über welchen der Geist schwebt, ebenfalls schon „da" sind. Hier ist an Stelle der Urwasser die Urliebe als *materia* schon „da".

Um nun die Suche nach der möglichen Urwunde weiterzutreiben: Entscheidend ist allein, daß das Gewebe der Welt nirgends schadhaft, vielmehr in starker Zuneigung gewoben ist. Und daß Gott in dieses Gewebe der Liebe nichts Böses, erst recht keine Wunde eintrug. Und trotzdem findet sich darin eine Stelle, die Gott nicht festlegen konnte und wollte: die Stelle, an welcher die Geschöpfe *freiwillig* ihren Ursprung anerkennen. Hier sitzt die Möglichkeit der Urwunde, und sie wird immer dort sitzen. Hätte Gott diese freie Zuneigung ausgeschlossen, so hätte er statt der Menschen (und Engel) Produkte, Imitate, Willenlose vor sich – wer läßt sich aber von Automaten lieben? Gerade weil Gott kein Sklavenhalter war, schuf er keine Sklaven. Wenigstens ein Blick mag in die Tiefe dieses verknäuelten Problems leiten: Die wirklich souveräne Liebe, Seine Liebe, sehnt sich nach der Freiheit, dem Selbstsein des anderen – und das ist ihre Verletzlichkeit. Grenze nicht der Allmacht, sondern von innen aufgerichtete Grenze der Liebe. „Mit der Macht deiner überaus herrlichen Kraft überwältigst du niemand.“[13] Hier liegt die offene Flanke, Gottes ebenso wie des Menschen: die Möglichkeit, die Urliebe zu verletzen, Widerstand gegen das Geliebtsein zu üben, die Gegenliebe zu verweigern. Statt Du und Ich zu

sagen, sagt der Mensch (mit dem schwarzen Engel) nur Ich und Ich allein. Es gibt eine Stimme in uns: „Warum soll ich mich um etwas kümmern außer um mich selbst? [...] Was wäre das für ein Leben, wenn ich auf alle Stimmen der Freude und der Trauer antworten wollte? Ich, ich weiß nur von meiner eigenen Existenz."[14] Genau dies war der Fall des Lichtträgers und seiner Mitgeschöpfe, „die aus sich selbst etwas sein wollten. Denn als sie ihre großartige Herrlicheit und glanzvolle Schönheit in funkelnder Fülle aufstrahlen sahen, vergaßen sie ihres Schöpfers."[15] In furchtbarer Wiederholung ist es auch der Fall des Menschen, „der sich anmaßend selbst das Gesetz gibt, so als ob er sein eigener Gott sei [...]; dann tritt er in sich jene Liebe mit schmerzlicher Bitterkeit nieder."[16]
Aus der religiösen Sprache gelöst und alltäglich betrachtet, ist darin getroffen die Vergessenheit des eigenen Ursprungs und die schäbig-arme Krümmung auf sich selbst. Gerade die Kräfte, die uns gegeben sind, nämlich *Stärke und Eigenstand,* verlocken zur Trennung von ihrem Geber. „Als sie in ihrem

eigenen Licht erwachten, haben sie mich vergessen."[17] Die Berauschung am eigenen Licht wird normalerweise gefaßt in den eher langweiligen und abstrakten Ausdruck einer Abkehr von Gott. Konkret spricht sich die unauslöschliche Wahrheit darin aus, daß wir nicht aus uns sind und daß jeder Versuch, aus uns zu sein, auf die Länge tödlich endet. Als wären wir ein kreisendes Rad, dessen Nabe an einen Motor angeschlossen ist – wir halten aber das Kreisen für selbstverständlich und lösen die Nabe vom Motor. Natürlich wird das Rad taumeln und stürzen – nur noch von Sünden „umhergedreht ohne festen Stand"[18]. Weniger technisch ausgedrückt: Der Mensch hält sich nur, weil er von innen gehalten wird. Wirklicher Halt liegt im Gehaltensein. Jeder trägt den Ursprung in sich, aber nicht als selbsteigenen, sondern als Lehen und Gabe. Übrigens mit aller Leichtigkeit und Selbstvergessenheit der Gabe. Hildegard sah einmal das Leben in einer gesammelt in sich ruhenden, wundervollen Frauengestalt, welche in einem feurig kreisenden Rad stand und einen blühenden

Zweig in der Hand hielt[19]. Überhaupt wird der Mensch am Ende der Zeiten dem goldenen Kreis eines Rades gleichen[20]. Wir aber wittern in solch zufließender Energie Demütigung, Unterwerfung, den eifersüchtig Größeren, der sich im Dank des Kleineren spiegeln will: die uralte Zweifelsucht, ob der Geber es auch gut meine. Ob er nicht die Gabe nur aus Berechnung, zur Selbsterhöhung gebe. So reklamieren wir alles, was er uns frei zuleitet, für die eigene Erhöhung, halten wie einen Raub fest, was uns heiter und großzügig geschenkt war. Ja, wir ersetzen das Geschenk mit jener harten Mühe, die allem Nichtschöpferischen anhaftet: selber machen, selber leisten, selber bis zum Irrsein in Drehung halten, was doch Schwung und Hauch des Geistes von oben sein könnte, anmutig, schön, glänzend. „So ist die ganze Natur des Menschen verdreht oder verkrampft."[21] Unausrottbar ist der Verdacht in uns, den Nietzsche am schärfsten – für uns alle – in seine bösen Überlegungen faßte: Wo Gott ist, kann ich nicht sein. Und dieses Verwerfen Gottes zugunsten der eigenen Kraft

ist die düstere Signatur unseres Jahrhunderts. „Wie ja auch die Seele Selbstmord begeht, wenn sie nicht mehr Gott anzuhangen versucht."[22]
Wie, wenn es anders wäre? Wie, wenn der Verdacht vom Potentaten nicht stimmt, der nur Geduckte um sich braucht? So ist ein harter und langer Kampf um die Wahrheit vonnöten. Wo liegt die wirkliche Quelle der Kraft? Wo schneide ich mich selbst von aller Kraft ab – was ja nur ein anderes Wort für Kastration ist? Ebenso wie die Gesellschaften kastriert sind, denen sich der Himmel geschlossen hat.

2. Kampf

Es macht den Kampf gegen die Selbstverschließung so fürchterlich, daß der Mensch im Grunde den schwarzen Selbstwillen des Engels noch einmal zu bestehen und das Versagen des höchsten Lichtträgers zu korrigieren hat: „Er hat ihn [den Menschen] so sehr geliebt, daß Er ihn für den Platz bestimmte, aus dem der gefallene Engel geschleudert ward, und ihm alle Herrlichkeit und Ehre zuordnete, die jener mit seiner Seligkeit verloren hatte."[23] Und: „Ihm gab Gott die Stelle und Ehre des verlorenen Engels, auf daß er Gott zum Ruhme vollende, was jener nicht tun wollte."[24]

Wie aber schaffen wir Geringen, was der Engel nicht schaffte? Geht es doch um die härteste Selbstverbissenheit, Selbstverknäueltheit, den Natur gewordenen Autismus – läßt er sich überhaupt lösen? Hildegard nennt mehrere Lösungswege, die sich zusammenfügen lassen zu zwei Haltungen: Weggehen von sich und Heimgehen. Das eine nur zusammen mit dem anderen, sonst hält man das Weggehen nicht aus, kann es nur in der Haltung eines Olympiasiegers in Askese unternehmen. Heimgehen meint Hoffnung auf Ankommen, Mitgenommenwerden von einer Kraft, die nicht die meine ist, Sich-Ziehenlassen. „Wenn ich erkannt habe, daß ich in meinen schlechten Werken mich selbst wegwerfe, dann bist du es, der alles vollbringen kann, du nimmst mich auf [...] Zieh mich weg von meinen lehmigen Taten, damit ich nicht erfunden werde in schändlichem Gestank sowie in jener Vergessenheit, die mich wie mit Todesdorn festnagelt [...] Jeder Aufstieg ist dein Aufstieg."[25] Das ist der wirksamste Trost in diesem Kampf: daß er nicht aus Eigenem bestanden werden muß. Und daß er bestanden werden kann.

Dieses Weggehen von sich ist allerdings schwere Arbeit. Denn es arbeitet nicht nur der Selbstverliebtheit, sondern der Verliebtheit in das eigene Unglück entgegen, der „Verzweiflung dessen, der verzweifelt er selbst sein will"[26]. Sie kann sich sogar als Bitte ausdrücken: „Laß mich das Stück Elend sein, das ich bin", so Kierkegaard[27]. Oder ein selbstgehörtes Beispiel: „Meine Trauer laß ich mir nicht nehmen." Dieses verbissene Wort stammte von einem alten Mann, dem sich während einer Tagung unverhofft seine Lebenslast lichtete. Als er das merkte, ging er zum Vortragenden, um sich die unerwünschte Aufhellung zu verbitten ...

Unsere Seele: ein lustvoll verworrenes Netz von Selbst- und Fremdanklagen, von offengehaltenen Wunden und halbherzigen Heilungen. Wie festigend ist das Korsett des Schmerzes. Wie tut es gut, im Dunkel zu hocken, jedem Löser den Eintritt zu verwehren, denn „mir kann doch niemand helfen". Das Dunkel ist dem Blinden Heimat, birgt ihn mit kaum zerreißbaren Fesseln – Platon skizzierte den eigentümlichen Schmerz, die Höhle der Schatten zu verlassen und ans Licht nicht zu eilen, nein, gewaltsam gezerrt zu werden.

Diesem Trieb zur eigenen Seelenfinsternis entspricht die Scheu, wirklich vom Licht zu hören. Es ist die Scheu, vom Weg nach draußen und droben erzählt zu bekommen. So wird das Leben schweigsam und versagt am Ende ganz, versagt sich auch am Ende ganz.

„Wenn der Mensch wegen seiner Sünden so traurig ist, daß er kaum für sein Seelenheil zu hoffen wagt ..."[28] Diese Trauer kann aber zweifach sein, und nur eine davon führt auf den Weg des Weitergehens. Denn es gibt die Trauer der Heiden, die um das Schale weinen, aber nie aus dem Schalen herausmöchten. „Warum kehrst du nicht heim, wenn du gesündigt hast? [...] Mein leidenschaftlicher Eifer treibt dich an, nach deinem Fehltritt wie der verlorene Sohn zum Vater zurückzukehren. Aber ihr habt sogar die Freude am gemästeten Kalb verloren."[29] Hildegard nennt dieses Verschließen „in die abgrundtiefen Sünden hinabsteigen, weil ich dich vergessen habe ..."[30] Stattdessen muß man weinen um ewige Seligkeit, *weil* es sie gibt, bedrängend gibt, sie aber keinen Ort im Menschen hat. Dieses andere „Rufen und Schluchzen"[31] stammt aus weltbewegender Reue. „Sie reinigt, sie heiligt, sie trägt alles, sie stützt alles, sie festigt alles, sie setzt alles in Bewegung, sie zieht alles an sich und sie durchdringt alles. Auf der Reue ruht die Welt."[32] „Alle bösen Werke werden durch die bittere Reue ausgeschieden wie Speise und Trank."[33] Sich aufmachen und heimgehen, rät Hildegard. „Vater, ich habe gesündigt gegen den Himmel. Das heißt: gegen das himmlische Kunstwerk, das ich selbst bin."[34]

Der ganze Kampf ist Selbstanklage, steht unter dem wiederholten und richtenden „Nein" zur eigenen Schwerkraft. Aber es ist das Nein, das aus dem vollen Blick ins Wirkliche stammt, ein Nein aus einem Ja. Die Perle im

Acker ist wieder sichtbar, um deretwillen sich der Aufbruch lohnt. Es gibt eine Sehnsucht im Leben, die ihrer selbst sehr sicher ist und bei allem Totgesagten immer wieder aufbricht: daß die jetzige Leere eine Erfüllung finden wird. Aber wie jede seelische Mitgift läßt sich auch diese wegdenken, bestreiten – ist die tragische Lösung nicht tragisch schöner: Keiner will und kann mir helfen, kann in den Abgrund meiner Existenznot hinunter? So klammern wir uns wollüstig an unsere Unerfülltheit. Wehe dem Glücklichen – entweder ist er dumm oder kindlich oder vieles andere noch, nur glaubwürdig ist er nicht. „Was ist Glück?, sagt der letzte Mensch und blinzelt" – verhöhnte Nietzsche die graue Nonchalance des letzten Menschen, obwohl er sie selbst mit heraufgeführt hatte. Unechte Armut ist ein verbreitetes Leiden, zugleich wird sie aber zum „Existentiale" verklärt. „Wie eine Heuschrecke springst du dahin, hierher, dorthin, wie Schneegestöber bist du irgendwohin verwirbelt. [...] Die Düsterkeit aber, die wie ein Gewand, im Wind verzerrt, diese Gestalt bedeckt, zeigt, wie solche Menschen im Unglauben gelähmt und in ihrem Eigenwillen gefesselt sind, obwohl sie weichlich der Ruhe leben möchten, wenn sie [...] auf der Jagd nach noch unbekannten Vergnügen und Versuchungen ihre Zerstreuung finden wollen, dabei aber doch nichts recht anfangen, nichts recht zu Ende bringen, vielmehr in diesem Wechselhaften, wie ein unruhiges Gewölk durcheinandergewirbelt, überall nur suchen und immer nur irre gehen, überall auf der Jagd sind nach dem großen Unbekannten und immer nur in fremde Behausungen einbrechen."[35]

So ist das Glück des jetzigen, geschweige des kommenden Lebens in die Märchenkiste geraten. Zu schön, um wahr zu sein. Die Religionskritik des 19. Jahrhunderts ist über uns hinweggefegt und hat unser Glücksverlangen als Selbstliebe und Selbstbetrug angeschwärzt. Also leben wir kümmerlich und erwarten Kümmerliches vom Leben. Wie aber, wenn es Gott gefällt, uns glücklich zu machen? Welcher Aufbruch wäre möglich, wenn „die rechte Ehrfurcht vor dir alles Fürchten überwindet"[36]? Nichts ist so schwer,

wie seiner innersten Sehnsucht nachzugeben und Gott und dem Glück zu trauen. Obwohl uns nichts so sehr in Fleisch und Bein eingeschrieben wäre wie gerade das.
Denn: „Wenn so der Mensch das Rechte ergreift, verläßt er sich selbst, kostet die Kraft und trinkt. Er wird davon gestärkt, wie die Adern eines Trinkenden voll Wein werden. Er wird nie maßlos, wie ein Trunkener von Wein außer sich gerät und nicht mehr weiß, was er tut. Auf diese Weise lieben die Gerechten Gott, an dem kein Überdruß sein kann, sondern nur Beseligung in reiner Dauer."[37]
Der Einsatz heißt allein: sich selbst verlassen, aber selig verlassen. Es gibt ein Antlitz, einen Namen, den einzigen übrigens, der diesen Wein zu bieten hat: Christus medicus. „Heilig bist du, der du die eiternden Wunden reinigst."[38] Arzt aber nicht von oben, und die Rezepturen wirken nicht von außen. Arzt und Rezept sind dasselbe, und sie wirken von innen, eingegangen in uns selbst. Auch wo wir wortlos sind und die Wunden nicht genau bestimmen können. Wir müssen die Wunden aufgeben, übergeben, offenlegen.

„Zeig mir die Wunden deines Herzens, ich suche in deinem Herzen die Wunden. Ich will in deinen Wunden mit dir leiden, und so wirst du Gemeinschaft mit dem Vater haben."[39]

3. Heil

Tatsächlich: Das Leben ist auf Glück hin entworfen, nicht auf Unglück. „So hat die Liebe ihr Werk vollkommen gemacht, allmählich, doch deutlich und bestimmt, damit keine schwache Stelle bleibe, vielmehr jegliche Fülle darin sei."[40] „Wenn jemand auf der Höhe triumphierenden Unterwerfens sich Gott unterstellt und den Satan überwindet, ragt er empor und genießt die Seligkeit des göttlichen Schutzes. Und wenn er, entbrannt zum Heiligen Geiste, sein Herz erhebt und seinen Blick Gott zuwendet, dann erscheinen darin in heller Klarheit die seligen Geister und bringen Gott die Hingabe seines Herzens dar."[41]

In diesem Schutz richtet der Mensch sich auf, lebt auf, greift selber aus. Der Wille Gottes wandelt sich in Motorik. „Bei ihm finde ich den Reichtum der Gotteskräfte, so daß ich zuversichtlich aufsteige von Kraft zu Kraft."[42] Es ist älteste Erfahrung: Solcher Dienst beugt nicht, sondern stärkt. Wen Gott berührt, der ist nicht Sklave, sondern Freier. „O wie schön sind deine Augen, wenn sie Göttliches verkünden."[43] Es ist Heimkehr, nicht allein zu ihm, ebenso zu sich selbst – und zugleich Lösung der Welt. „Wenn der Mensch sein Herz zu Gott öffnet und es dadurch licht macht, wird alles grünen, was dürre ist. Korn und Wein wachsen durch diese geheime Kraft."[44] Auch Korn und Wein des eigenen Herzens. Und das ist nicht als theologische Schreibtischerkenntnis oder gut versponnene Mystik gemeint, sondern das meint Alltag und ist an seinem Probierstein zu prüfen. Es ereignet sich Erstaunliches: Etwas anderes, nein, jemand anderer hat die Mitte des Denkens und Tuns besetzt, und die beladene Seele hat dort abgeladen, ist jetzt größer als zuvor. „O feuriger Geist, Lob sei dir! [...] Aus dir glüht das Herz der Menschen. Und die Brust umspannt alle Kräfte der Seele. Von da steigt der

Wille auf und gibt der Seele den Wohlgeschmack."[45] Hildegard hat auch in solchen sprachlich großen Wendungen den nüchternen Ton, der weiß, was er sagt, der weiß, warum er es sagt. Es ist keineswegs leicht, im Religiösen zu lügen; das Sensorium dafür ist sehr fein und wird unfehlbar reagieren. Die Sicherheit, mit der Hildegard das Gezogenwerden von Gott ausspricht, trägt das Siegel der Wahrheit an sich: Es gibt die Kraft von der anderen Seite, und man kann sich ihr, aus allen Wunden blutend, aber selig überlassen. „Vom Herzen aber geht Heilung aus, wenn das Morgenrot eines Neubeginns sichtbar wird. Unsagbar ist, was dann aufbricht an neuem Verlangen nach Gott und an Eifer für sein Werk, unsere Welt."[46] – „Und so erkennt der Mensch, der die Eingeborgenheit Seiner Wunder ist, Ihn mit dem Auge des Glaubens und umarmt ihn mit dem Kuß des Wissens."[47] Ja, der Mensch hat einen Urtrieb nach Kuß und Umarmung; die, die er selbst gibt, und die, die er empfängt.

Sosehr selbst Hildegard sich vorkommt „wie Asche, wie Aschenfäule, wie verwehender

Staub"[48] – es geht wirklich und wirksam, immer wieder, aus der Asche aufzustehen und dem „Furchterregenden und so überaus Milden"[49] zu trauen.

Anmerkungen

1 S. 114.
2 Liber vitae meritorum (LVM). Deutsch: Das Buch der Lebensverdienste, übersetzt und erläutert von Heinrich Schipperges, Salzburg 1972.
3 S. 45.
4 Liber divinorum operum (LDO) VI,5: PL 197 / 959D–960A. Deutsch: Welt und Mensch (= WM). Das Buch ‚De operatione Dei', übersetzt und erläutert von Heinrich Schipperges, Salzburg 1965, 240.
5 S. 54.
6 LDO 916ff; WM 204ff.
7 LDO; WM 53.
8 Die Barmherzigkeit im Gespräch mit der Hartherzigkeit (LVM); hier zit. nach Heinrich Schipperges, Hildegard von Bingen. Ein Zeichen für unsere Zeit, Frankfurt 1981, 161.
9 S. 58.
10 Auf den Unterschied etwa zur sapientia-Theorie des Eriugena hat hingewiesen Margot Schmidt, Die fra-

gende Schau der heiligen Hildegard, Leutesdorf 1992, 17.

11 S. 116.

12 LDO I,2.

13 S. 113.

14 Hartherzigkeit (LVM); hier zit. nach Heinrich Schipperges, Hildegard von Bingen. Ein Zeichen für unsere Zeit, Frankfurt 1981, 161.

15 WM 29.

16 S. 114.

17 S. 52.

18 S. 76.

19 Nach Caecilia Bonn, Leben als Spannungseinheit, in: Hildegard von Bingen und ihre Impulse für die moderne Welt, Abtei St. Hildegard 1984, 27.

20 Heinrich Schipperges, Hildegard von Bingen. Ein Zeichen für unsere Zeit, Frankfurt 1981, 162.

21 S. 128.

22 LDO 908 f; WM 194 f.

23 WM 27.

24 WM 30.

25 S. 78 f. 81.

26 Sören Kierkegaard, Die Krankheit zum Tode, München (dtv) 1976, 99.

27 Sören Kierkegaard, Der Begriff der Angst, ebd., 609.

28 S. 81.

29 Zit. nach Caecilia Bonn, Die Reue in der Schau Hildegards von Bingen, Abtei St. Hildegard o.J., 4.

30 S. 81.

31 S. 82.

[32] Zit. nach Caecilia Bonn, Die Reue in der Schau Hildegards von Bingen, Abtei St. Hildegard o.J., 5.
[33] S. 87.
[34] S. 84.
[35] Heinrich Schipperges, Hildegard von Bingen. Ein Zeichen für unsere Zeit, Frankfurt 1981, 135f (Übersetzung leicht verändert).
[36] S. 114.
[37] WM 48.
[38] Carmina 19.
[39] Zit. nach Caecilia Bonn, Mut zur Ganzheitlichkeit, Abtei St. Hildegard o.J., 4.
[40] WM 31.
[41] WM 28.
[42] S. 61.
[43] S. 39.
[44] Zit. nach Caecilia Bonn, Predigten zum Fest der hl. Hildegard, Abtei St. Hildegard o.J., 5.
[45] S. 63f.
[46] Brief an Papst Anastasius IV.
[47] LDO 998: WM 280.
[48] S. 40.
[49] S. 40.

I

ANFANG DES BETENS

1. Schreibe, was du siehst und hörst

Ich schaute gen Osten, und dort sah ich einen runden königlichen Thron. Auf ihm saß der Lebendige, leuchtend in wunderbarer Herrlichkeit. Ob seiner großen Klarheit konnte ich ihn nicht ansehen. Und ich hörte den, der auf dem Throne saß, zu mir sagen: „Schreibe, was du siehst und hörst."

Und ich antwortete aus dem tiefsten Wissen um diese Schau: Ich bitte dich, Herr, gib mir Einsicht, daß ich diese Geheimnisse verständlich vortragen kann. Verlaß mich nicht, sondern stärke mich kraft der Morgenröte deiner Gerechtigkeit, in der sich dein Sohn geoffenbart hat. Gib mir die Kraft, so gut ich kann und darf, den göttlichen Ratschluß zu verkünden.

Wiederum hörte ich den Leuchtenden zu mir sagen: „O wie schön sind deine Augen, wenn sie Göttliches verkünden, wenn in dieser Verkündigung die Morgenröte aus dem göttlichen Ratschluß aufstrahlt."

Und wiederum antwortete ich aus dem tiefsten Wissen um diese Schau: Aus tiefstem

Herzensgrund komme ich mir wie Asche vor, wie Aschenfäule, wie verwehender Staub. Deshalb sitze ich wie eine Feder zitternd im Schatten. Doch lösche mich nicht aus dem Land der Lebenden wie einen Fremdling aus. Denn mit großer Anstrengung ringe ich um diese Schau.

Wegen meines einfältigen Verstandes, der von meinem Fleisch herrührt, stelle ich mich immer auf den letzten Platz, so daß ich mich nicht würdig fühle, Mensch genannt zu werden. Ich fürchte mich so sehr, und deshalb wage ich es nicht, deine Geheimnisse auszusprechen. O gütiger Vater, lehre mich, was dein Wille ist und was ich sagen darf.

Furchterregender und so überaus milder Vater, du bist die Fülle jeder Gnade. Verlaß mich nicht, sondern bewahre mich in deiner Barmherzigkeit.

Und wiederum hörte ich ihn zu mir sprechen: „Nun sage, wie du belehrt bist. Ich will, daß du es sagst, obwohl du Asche bist."

Diese Worte habe ich weder aus mir genommen, noch habe ich sie von einem anderen Menschen, sondern in der übernatürlichen Schau empfangen. Ich trage sie vor durch den Spiegel des Glaubens, in dem ich Gott erkenne. Denn wie der Spiegel, in dem einiges von dem gesehen wird, was in das Gefäß niedergelegt ist, so ist die geistige Seele wie in ein gebrechliches Gefäß eingesenkt; durch sie wird der Leib gesehen und geleitet. Möge es Gott gefallen, daß er meinen Leib sowie meine Seele in dieser Schau erhebe, daß von meinem Geist und meinem Herzen niemals die Gottesfurcht weiche.

Um diese Schau sorge ich mich überaus, in ihr eröffnet sich mir der Geist der Mysterien. Niemals sehe ich sie mit den äußeren Augen des Fleiches.
O ich Unglückliche, dem Namen nach eine Frau! Von meiner Kindheit an sah ich große Wunder, die meine Zunge niemals vortragen kann, es sei denn, so glaube ich, der Heilige Geist belehrt mich. Ich unwürdige Helferin!

Von meiner Kindheit an habe ich nicht eine Stunde in Sicherheit gelebt, und geweint habe ich, weil ich so leicht erröte und mich an nichts heranwage. Durch die süße Feuchte der Herzenszerknischung und durch den Geist der Wahrheit bitte ich darum, daß ich in Gott gefunden werde.
Das gebe mir das Wort des Vaters, durch das die Welt geworden ist, das der Vater in der allersüßesten Lebenfülle von seiner Höhe herab in den Schoß der Jungfrau gesandt hat. Es war von diesem Fleisch umgeben und auferbaut wie der Honig von der Wabe.

2. Daß du mich liebst mit der Glut deiner Liebe

Nun aber rufe ich zu dir, und ich bete dich an, auf daß du mich Kleinmütige gütig bewahren mögest in den Liedern deiner seligen Geister. Ich weiß um diese Worte, und ich habe sie gehört. Du allein kennst sie. Auch all jene, die für den wahren Glauben an

deinen Namen eifrig mit mir arbeiten: Eine sie so im Schoße deiner Gnade, daß sie niemals von dir getrennt werden.
Du allein kennst meine geringe Bildung. Ich leuchte nicht in den Lehren der Schriften, die ganz genauso deine Wunder erzählen, wie auch die Zeiten an den Gestirnen erkannt werden. Deshalb bitte ich dich, du mögest mich befreien von aller Schwärze der bösen Geister und mich vor allen Zweifeln der Unwissenheit an Leib und Seele bewahren.
Ich bitte dich, gütiger Vater, daß du mit mir wirkst und mich liebst mit der Glut deiner Liebe, daß du mich in das Buch des Lebens schreibst und daß ich niemals von dir getrennt werde.

Mein Gott ist mein Helfer. Auf ihn werde ich hoffen. Er ist mein Beschützer und das Unterpfand meines Heils. Und er nimmt mich auch auf" (Ps 17,3).
Mein Gott, durch ihn bin ich erschaffen, durch ihn lebe ich, und nach ihm strebe ich. Mit jedem Atemzug erbitte ich alles Gute

von ihm, weil ich weiß, daß er mein Gott ist. Und ich spüre es, daß ich ihm dienen darf, weil ich von ihm meinen Verstand habe und weil er bei allem Guten mein Helfer ist. Deshalb vollende ich durch ihn alle guten Werke.

Weil mich seine Gnade wie ein Gewand umkleidet, setze ich meine Hoffnung allein auf ihn. Und indem er mich vor allem Bösen schützt, verteidigt er mich. Wenn mich mein schlechtes Gewissen quält, dann gibt er mir den Rat, schlechte Taten nicht mehr zu begehen.

So ist Gott selbst für meine Seele das Unterpfand meines Heils. Denn durch den Heiligen Geist lehrt er mich das Gesetz, nach dem ich wandeln soll. Und in diesem Gesetz erhalte ich für mein Leben die Speise, die den Gläubigen zum Leben gegeben wird. Denn so lange ich diese Speise empfange, macht mich Gott durch alles heilig und auserwählt. Er wird mich heimholen in die vollendete Glückseligkeit und mir einen Platz geben in seinem Schoß.

3. Heile den Menschen, der diese Schrift liest

O Gott, rein, wahr und feurig. In deiner allmächtigen Kraft hast du die unsterbliche unwandelbare Erde geschaffen. Auf ihr haben sich die ersten Menschen befleckt, sich gegen deinen Willen und gegen dein Gebot versündigt. Mit starker Macht hast du sie aus dem leuchtenden Land vertrieben. Dann hast du sie nach ihrem Sturz wieder aufgerichtet.

Nach dem Wolkenbruch zeigst du durch neue Nachkommenschaft, die aus Noach hervorging, daß du außer dem von der Schlange vergifteten Menschengeschlecht noch etwas gegen den Zorn des Drachen unternehmen kannst. Das verstand der Teufel nicht, weil er niemals einen Anfang gemacht hat, dir zu dienen. So wähnte er, das ganze Menschengeschlecht müsse untergehen.

Du aber, Heiliger Gott, hast in Noach einen neuen Nachkommen eingesetzt. Abraham war die erste Wurzel, die ihre Zweige zum Blühen brachte. So wie der Stab Aarons

blühte, obwohl er von der Wurzel abgeschnitten war, so hast du die Menschwerdung deines Eingeborenen vorausgezeigt. Er hat im reinen Schoß der Jungfrau allein aus deiner Kraft geblüht, o heiliger Gott, ohne natürliche Empfängnis.
O reiner Gott, du hast das schlimme Urteil über die erste Frau, die von der Schlange getäuscht war, aufgehoben und Maria, den edlen Stab, in deiner Kraft erblühen lassen. Sie hat in wahrer Demut das Wort des Engels aufgenommen und dir im wahren Glauben gehorcht. Du hast sie als deine einzigartige Mutter in anderer Natur als der, aus der einst Eva kam, über alle Himmel erhoben. Und deshalb ist uns der Himmel durch die Mutter des Heilandes nicht verloren, sondern mit aller Zierde des Paradieses zurückgegeben worden und erhalten geblieben.
Nun, o Gott, dir sei Ruhm! Denn alle Bosheit des Menschen hast du behoben. Du hast in den Urgrund deines Wissens eingeschrieben, wie du den Feind besiegt und den Menschen, den du aus Lehm geformt, gerettet hast.
Damit die Schriften das verkünden, hast du

die Männer ausgewählt, durch die du alle Schlechtigkeit aus Adams Fall gezeigt hast, und wie der Mensch durch deinen Sohn wiederhergestellt werden mußte. Genauso hast du nach der Sintflut die Erde und die Menschen neu und besser wiederhergestellt und den Ungehorsam Adams im Gehorsam Abrahams wieder gelöscht.

Abraham war die Wurzel der beginnenden Heiligkeit. Durch seinen Gehorsam hat er Gottes Gesetz gehütet und dem allmächtigen Gott das Opfer des guten Willens dargebracht. Deshalb wird er mit Recht der Vater vieler Völker genannt. Denn durch diesen Gehorsam, der die Erfüllung der Gebote Gottes ist, hat er dich, heiliger Gott, berührt und verkündet.

Aus seiner Nachkommenschaft ging Maria hervor, die Auserwählte, die den vornehmsten Sproß, den Sohn Gottes, gebar. Dadurch wurde die ganze Welt erleuchtet und der Schlangenkopf zertreten.

O du gütige Weisheit, dein Wirken ist in allen deinen Werken gerecht und wahr. Heile den Menschen, der diese Schrift liest und hört. Laß diese Schrift den Anfang der Erlösung deines Sohnes zeigen, damit der Leser dieser Zeilen niemals von der Zahl derer getrennt werde, die sich in deinem Reich freuen dürfen.

II

DER KUSS DES SCHÖPFERS

1. Der anfanglose Gott, aus dem alle Schöpfung ihren Anfang nimmt

Ich, der ich ohne Anfang bin und der bin, aus dem alle Anfänge hervorgehen, und der ich der Alte der Tage bin. Ich sage:

Ich bin durch mich selbst der Tag. Als solcher bin ich niemals aus einer Sonne hervorgegangen. Aber aus mir wurde die Sonne entzündet. Ich bin auch der Geist, der aus keinem anderen erklungen ist, aus dem aber alles Geistige atmet.

Um in mein Angesicht hineinzusehen, habe ich Spiegel geschaffen. In ihnen schaue ich alle Wunder der Ewigkeit, die niemals schwinden werden. Und diese Spiegel habe ich im Lob zur Harmonie bereitet, denn ich habe eine Stimme wie Donner, wenn ich auf diese Weise mit dem Schall aller Schöpfung den ganzen Erdball bewege.

Das tue ich, der Alte der Tage. Denn durch mein Wort, das immer ohne Anfang in mir war und ist, gebot ich jener großen Leuchte und mit ihr den unzähligen Funken – das sind die Engel – hervorzukommen. Sie ha-

ben, als sie in ihrem eigenen Licht erwachten, mich vergessen und wollten so sein, wie ich bin. Um dieser Anmaßung willen, mit der sie mir widersprachen, hat sie mit großem Donner die Rache meines Zornes hinausgestoßen. Denn nur ein einziger ist Gott, ein anderer kann es nicht sein.
Von da an habe ich das kleine Werk, das ist der Mensch, in mich hinein ausgesprochen und es zu meinem Bild und Gleichnis gemacht. Und zwar so, daß er in etwa mir gemäß handeln wird. Denn mein Sohn soll einst mit dem menschlichen Kleid des Fleisches bekleidet werden. Weil ich Geist bin, habe ich das Werk geistig angelegt und mein Können in es hineingezeichnet, genauso wie der Mensch in seiner Wissenschaft alles durch Benennung und Zahl erfaßt.
Der Mensch jedoch ist das Gewand, mit dem sich mein Sohn in seiner königlichen Macht umkleidet, sich als Gott und lebendes Leben aller Schöpfung zeigt.

O Gott! In deiner Vorausschau hast du alle deine Kunstwerke vorausgesehen, ganz so, wie du sie haben wolltest. Deshalb liegt deine Vorausschau im Zentrum deiner Macht.
Du umschließt das All ganz so wie ein Rad, das keinen Anfang kennt und sich keinem Ende beugt.

O wahre Weisheit, ohne jeden Anfang und ohne jede Vorplanung, du bist der wahre Gott! Welche großen Geheimnisse hast du in deinen Geschöpfen gestaltet und deinem Kunstwerk, dem Menschen, untergeordnet.
Du hast die Kräfte deiner Allmacht schöpferisch entsandt. Nur du hast das herrliche Dach mit seinen Fenstern, das Firmament mit seinen Leuchten, geschaffen. An ihm hast du die Sonne aufgestellt, die mit ihrem Licht alles über der Erde und unter der Erde erleuchtet. Ihr sind die übrigen Leuchten verbunden. So wie diese durch sie (die Sonne)

leuchten, gehorchen dir alle Geschöpfe. In dir leben sie ihr eigenes Leben.
Du aber, Höchster, hast das niedrigste Geschöpf berührt und aus ihm das Gewand deiner Menschheit angezogen. Durch diese Menschheit hast du deinen Feind völlig überwunden. Er hat aus Neid den Menschen, den du geformt, im Paradies betrogen. Nur du, ewiger Gott, bist die wahre Liebe.

2. Der Mensch, Spiegel aller Wunder Gottes

Als die Schöpfung in ihrer Vollkraft stand, wurde gemäß der Tiefe des Ratschlusses der Mensch wunderbar aus dem Lehm der Erde gebildet.
Er sollte leben für die unaussprechliche Herrlichkeit. Von der Kraft der Geschöpfe umgeben, kann er niemals von ihnen getrennt werden, denn die Weltelemente, dem Menschen zum Dienst geschaffen, bieten ihm ihre Hilfe an. Gleichsam in ihrer Mitte thront der Mensch. Nach Gottes Plan steht er

ihnen vor. So sagt David: „Mit Ruhm und Ehre hast du ihn gekrönt und über die Werke deiner Hände gestellt" (Ps 8,6–7).
O mein Gott, du hast alles wunderbar erschaffen. Den Menschen hast du geschmückt mit dem Verstand, der Krone aus Gold und Purpur, mit dem überaus wertvollen Gewand der sichtbaren Schönheit. Du hast ihn gleichsam als Vornehmsten an die Spitze deiner erhabenen Kunstwerke gestellt. Diese Werke hast du in deinen Geschöpfen gut und recht geordnet. Darüber hinaus hast du im Menschen vor allen Geschöpfen große und erstaunliche Fähigkeiten verankert.

Wie jedes Ding einen Schatten hat, so ist der Mensch der Schatten Gottes. Und der Schatten ist der Beweis des Geschöpfes. Der Mensch ist in seinen Wundern der Beweis für den allmächtigen Gott. Er selbst ist Schatten, weil er einen Anfang hat. Gott aber ist weder Anfang noch Ende. Daher ist die ganze himmlische Harmonie ein Spiegel der

Gottheit, und der Mensch ist der Spiegel aller Wunder Gottes.

Gott hat sich barmherzig erinnert an den Menschen, an sein großes Werk und an seine kostbare Perle. Aus der Erde hat er den Menschen geformt und ihm den Lebensodem eingesenkt. Gott hat ein Leben, der Reue fähig, geschaffen, und er selbst hat den Menschen hineingelegt in diese Reue; die Demut macht es offenbar. Der Teufel aber versteht davon nichts. Er will sich nicht aufmachen zum wahren und gerechten Leben, geschweige denn, es anerkennen.
Das Heil der Liebe ist nicht in uns erstanden. Wir können zu unserem Heil Gott weder erkennen noch lieben. Sondern er selbst hat als Schöpfer und Herr des Alls sein Volk so geliebt, daß er um unseres Heiles willen denen, die glauben, den Fürst und Heiland geschickt hat.
Er hat unsere Wunden gewaschen und abgewischt. Deshalb ergießt sich die überaus süße Materie, aus der alle Güter des Heiles fließen.

Ich aber bin eingedenk, daß ich den ersten Menschen geformt. Und wie deutlich habe ich alle Werke, mit denen Luzifer mich im Menschen bekämpfen will, vorrausgesehen! Darum werde ich die Heiligkeit aufbieten, das heißt die Gotteskräfte, mit denen ich gegen ihn kämpfe. Ich zeige mich den Menschen bis ans Ende der Zeit, und mit meinen Mysterien belehre ich sie. Aus meinen Wunden schöpfen sie eine große Kraft.

3. Das Geschöpf verlangt nach dem Kuß des Schöpfers

Zeige mir, den meine Seele liebt, zeige mir, wo du weidest, wo du am Mittag ruhst, damit ich keinen Anlaß finde, um herumzuschweifen zwischen den Herden deiner Gefährten" (Hld 1,6).

Durch Salomon spricht die Weisheit von der Liebe zwischen Schöpfer und Geschöpf und umgekehrt vom Geschöpf zum Schöpfer. Wie sehr hat der Schöpfer das Geschöpf geschmückt, als er es erschuf. Denn überaus liebte er es. Und wie sehr hat das Geschöpf nach dem Kuß des Schöpfers verlangt, als es ihm gehorchte. Deshalb, weil das Geschöpf vom Schöpfer den Kuß empfing, war es ihm in allem gehorsam.

In Liebe und Verehrung wie zu einem Geliebten spricht darum das Geschöpf zum Schöpfer, wenn es von ihm Weide erbittet. Mit dieser Nahrung bringt das Geschöpf die Ruhe aus seiner Kraft hervor, die es zum künstlerischen Wirken vom Schöpfer empfangen möchte. So kann es sich nicht verlaufen auf den Wegen der Götzen, die sich täuschend Gottes Namen anmaßen.

Das gilt auch vom Menschen, der dieses Geschöpf ist. In guter Absicht erbittet er von Gott den Kuß für seine Seele, wenn er seine Gnade erhält. Mit Inbrunst verlangt er, von ihm aufgehoben zu werden. Denn der Mensch kann nur rüstig voranschreiten, wenn Gottes Wohlwollen ihn umgibt. Wenn der Schatten der Sünde ihn verfinstert, dann gibt ihm die Reue seine Schönheit zurück, sofern er durch die göttliche

Ermahnung verlangt, von seinen Sünden aufzustehen.
Gott sah vor aller Zeit die Gestalt des Menschen voraus. In ihr wollte er Fleisch annehmen. Die Seele ist geistiger Atem aus Gott. Sie durchströmt den ganzen Leib des Menschen und gibt die Impulse zum schöpferischen Tun des Menschen für alle seine Werke. In seiner Seele ist der Mensch geistig. Er vollendet sie im Körper mit dem Klang seiner Worte.

Wie wunderbar ist die Vorausschau des göttlichen Herzens. Sie wußte um alle Schöpfung. Als Gott in das Antlitz des Menschen schaute, den er geformt, da erblickte er alle seine Werke unversehrt in dieser Gestalt des Menschen. Wie wunderbar ist dieser Plan, der so sehr den Menschen erweckt hat.

Als Gott den Menschen erblickte, hatte er großes Wohlgefallen an ihm, weil er ihn mit dem Gewand seines Bildes und nach seinem Gleichnis geschaffen hatte. So trug er ihm auf, die göttlichen Wunder zu verkünden durch die Flöte seiner geistigen Stimme. Der Mensch ist das vollkommene Werk Gottes. Denn Gott wird durch ihn erkannt, deshalb sind alle anderen Geschöpfe auf ihn hin erschaffen. Dem Menschen hat Gott gestattet, im Kuß der wahren Liebe mit seinem Geist ihn zu loben und ihn zu verkünden.

Ehre sei dir, heiliger Gott! Du wirst im Himmel von den verborgenen Engeln verherrlicht. Als Funken deiner Helle leben sie. Vom Menschen wirst du auf Erden verherrlicht. Ihn hast du als dein Gewand aus Lehm geformt.

O Gott, mein Gott! Du hast mich geschaffen, alle meine Werke sind deine Werke.

4. Der Reichtum der Gotteskräfte im Herzen des Menschen

Der König führte mich in seine Kammer. Laßt uns jubeln und freuen in dir! Wir danken dir für deine Überfülle und überdies noch für den Wein. Die Aufrichtigen lieben dich" (Hld 1,3).

Er, der als Herrscher des Alls lebt, hat mich in die Fülle seiner Liebesgaben geführt. Denn im Glauben bin ich dem Sohn Gottes mit ganzer Seele auf dem Weg der Wahrheit gefolgt. Bei ihm finde ich den Reichtum der Gotteskräfte, so daß ich zuversichtlich aufsteige von Kraft zu Kraft. Deshalb jubeln wir alle auf, die wir durch das Blut des Gottessohnes erlöst sind. Und wir freuen uns in dir, Heiliger Geist, mit Leib und Seele, denn durch dich leben wir.

Wir erinnern uns der Süße des himmlischen Lohnes, der alle Leiden und Bedrängnisse übersteigt, die wir von den Gegnern der Wahrheit erleiden müssen. Das alles erachten wir als nichts im Vergleich zu den Won-

nen, die wir verkosten beim Anblick deiner Gebote, die du uns gibst.
Und die, die in den Werken der Heiligkeit aufrichtig sind, lieben dich in wahrer und vollkommener Liebe. Denen, die dich lieben, schenkst du alle deine Güter. Und zuletzt gibst du ihnen noch das ewige Leben.
Ja, die Weisheit strömt in die Kammern, das sind die Herzen der Menschen. Sie trägt ihnen die Gerechtigkeit des wahren Glaubens zu. Durch diesen Glauben wird der wahre Gott erkannt. Weiter erdrückt dieser Glaube alle Winterkälte und Winterfeuchtigkeit der Laster, damit sie niemals mehr grünen und wachsen können.
Nicht zuletzt bindet dieser Glaube alle Gotteskräfte so fest an sich, daß der Wein in das Glas eingeschenkt und den Menschen zum Trinken dargereicht werden kann.

Der Wille ist wie das Licht des Menschen. Denn wie das Licht alles durchdringt, so steigt der Wille zu allem auf, was er ersehnt.

Im Herzen wird der Wille vom Heiligen Geist entzündet. Ihn nimmt die frohe Seele gläubig in ihr Herz auf, damit er das gute Werk mit himmlischen Verlangen vollende.

Gottes Liebe holte aus dem Himmel, aus dem Herzen des Vaters den eingeborenen Sohn und legte ihn in den Schoß der Jungfrau in die Erde. Denn diese Liebe verachtet selbst die Sünder nicht, sie müht sich vielmehr um das Heil von allen. Deshalb macht sie die Härte der Herzen weich, deshalb läßt sie aus den Augen der Gläubigen die Quelle der Tränen entspringen. Und Demut und Liebe leuchten strahlender als andere Tugenden. O ihr Menschen, folgt ihnen um eures Heiles willen und zur Ehre Gottes nach.

O feuriger Geist, Lob sei dir! Der du in den Trommeln und Zithern wirkst. Aus dir glüht das Herz der Menschen. Und die Brust umspannt alle Kräfte der Seele. Von da steigt der Wille auf und gibt der Seele den

Wohlgeschmack. Er ist ihr Licht und ihr Verlangen. Nun würdige uns alle, zu dir hinzukommen und zum rechten Weg zu finden. Amen.

5. In meinem Leib sehnt meine Seele sich nach deinem Heil

Gott hat die Wohnstatt der Seele, die Leiblichkeit, mit solch großer Fülle an Geist geschaffen, daß die Seele in ihr alle Tugenden wirken kann.

Die fünf Sinne geben dem menschlichen Körper seine erfüllte Vollkommenheit. Im Sehen erkennt der Mensch die Geschöpfe. Durch das Gehör erzählt ihm der Geist, wie sich das, was er hört, verhält. Durch den Geruch unterscheidet er, was ihm für den Gebrauch zuträglich oder unzuträglich ist. Durch den Geschmack beurteilt er, was und wie es ihn nährt. Durch den

Tastsinn bewirkt er Gutes oder Böses. Alle seine Werke leitet der Mensch mit seinen fünf Sinnen. Und diese fünf Sinne sind im Menschen so zur Einheit verbunden, daß nicht einer den anderen entbehren kann. Und sie sind in einem Menschen. Durch seine großen Werke, die der Mensch rasch mit seinen fünf Sinnen ausführt, erkennt er Gott, den er nicht sehen kann, es sei denn im Glauben.

Wenn aber mein Fleisch fleischliche Begierden hat, dann zeigen mir Verstand und Wissen, daß ich von Gott geschaffen bin. Wenn ich aber durch die Gnade Gottes mich darauf zurückbesinne, daß ich von Gott geschaffen bin, dann bestehe ich die stärksten Kämpfe.
Und ich schaue in die Güte Gottes hinein, denn immer, wenn ich bedrängt werde, spüre ich die Güte Gottes. Wenn mich Haß erfüllt, dann schaue ich in die Barmherzigkeit und in das Martyrium des Sohnes Gottes. Und ich beherzige gläubig, daß der süße Duft der Ro-

sen in den Dornen geboren wird. Und so erkenne ich meinen Erlöser.

Wenn aber die Seele den Menschen so durch ihre demütige Natur bewegt, daß er ihr in allem entspricht, durcheilt sie sieghaft den Himmel und sagt:
„O Herr, ich sehne mich nach deinem Heil und übe mich ein in deinem Gesetz. Ich habe dich ersehnt und erkannt" (Ps 118, 174).
Ich habe dich in meinem Fleisch ersehnt und erkannt, auch wenn ich von mir aus nicht immer im Guten deinen Geboten zugestimmt habe. Ja, durch die Kraft deines Heiles wurde ich übergossen wie von strömendem Wasser. Auf das hin habe ich gegen den Willen meines Fleisches deine Gebote betrachtet. Und zwar konnte ich das aus dem Grund meines Herzens und aus dem Zentrum meiner Kraft. Und wie das Mühlrad durch die Wasser die Körner zermahlt, so lebe ich, die menschliche Seele, als ein reißender Wasserstrom in meinem Körper.

Gott der Herr ist meine Stärke. Er macht meine Füße den Hirschen gleich. Und der Sieger führt mich auf Höhen, um Psalmen zu singen. (Hab 3, 19).
Gott hat mich geschaffen. Und wie der Herr meine Stärke ist, so ist seine Kraft über mir, denn ohne ihn vermag ich nichts Gutes zu tun. Durch ihn habe ich den lebendigen Geist, durch den ich lebe und mich bewege. In ihm erkenne ich alle meine Wege. Daher lenkt dieser Gott und Herr, wenn ich ihn in Wahrheit anrufe, meine Schritte eilends hin zu seine Gesetzen. So wie der Hirsch eilt, wenn er die Quelle ersehnt. Wie er mir diese Höhe zeigt, so ist er mir in seinen Vorschriften verbunden. Er führt mich heraus aus den irdischen Begierden, als starker Sieger tritt er sie nieder für mich. So werde ich, wenn ich zur himmlischen Höhe gelange, ihm unaufhörlich Lob darbringen.

6. Du hast die Grenzen des menschlichen Lebens festgesetzt

Gott spricht: O ihr törichten Menschen! Warum fragt ihr das Geschöpf aus nach eurer Lebenszeit? Niemand kann seine Lebensspanne überschauen, sie umgehen oder überspringen. Denn von mir allein ist das Leben festgesetzt. Ja, o Mensch, wenn zeitlich wie geistlich dein Heilsziel erreicht ist, dann wirst du das Zeitliche segnen und in das übergehen, was keine Grenzen kennt.
Ich weiß alles. Ich will mich aber dem Menschengeschlecht mit so viel Gerechtigkeit verbürgen, daß, wenn ich die Menschen mahne und aufmuntere, die Gerechtigkeit zu erfüllen, sich niemand herausreden kann.
Mitunter, wenn ich das Todesgericht heraufbeschwöre, dann sind sie oft wie tot, auch wenn sie noch zu leben scheinen. Denn niemand kann die Zeit besitzen oder über sie verfügen, wenn ich ihm nicht das Leben nach meinem Willen erlaube, entsprechend dem Gewinn, den ich am Menschen sehe. Das be-

zeugt auch Ijob, wenn er sagt: „Du hast die Grenzen gesetzt, die sich nicht verschieben lassen" (14,5).
(Der Mensch antwortet:) Du bist über alles und hast alles vorausgeschaut, ehe es wurde. Im Geheimnis deiner Hoheit hast du die Grenzen des menschlichen Lebens festgesetzt, so daß sie weder verschoben noch überschritten werden können durch keine Weisheit, Klugheit oder Schläue irgendeines Geschöpfes, es sei denn in der Vorausschau deiner Geheimnisse. Auch dann nicht, wenn es zum Vorteil in der Kindheit, Jugend oder im Alter des Menschen sein sollte, können die Grenzen verschoben werden. Denn du hast dem Menschen aufgetragen, zur Ehre deines Namens zu leben.

Ich aber, o Mensch, habe dich vor Grundlegung der Welt gekannt. Aber dennoch will ich deine Werke entsprechend deiner Tage erwägen, ihren Gewinn will ich beurteilen und all dein Tun gewissenhaft und streng prüfen.

Sooft ich jemanden plötzlich aus diesem zeitlichen Leben abberufe, ist die Aufgabe des Lebens erfüllt. So sehr ist sie erfüllt, daß er, würde das Leben dieses Menschen verlängert, er keine guten Früchte aus grünender Kraft erbringen könnte. Dann hat er vielmehr so viel Gleichgültigkeit und fleischlichen Glaubensgeist, daß er nur mit dem leeren Klang der Worte Staub aufwirbelt, Aufsehen um sich macht, statt mich mit den tiefsten Herzensregungen zu berühren. Deshalb kann ich diesem Leben keinen Aufschub mehr geben. Vielmehr muß ich diesen Menschen aus dem Zeitlichen wegführen, ehe er in fruchtlosen Stumpfsinn verfällt.

Dir aber, o Mensch, sage ich: „Warum verachtest du mich? Habe ich dir nicht meine Propheten geschickt? Und dir zum Heil meinen Sohn dem Kreuz überantwortet? Meine Apostel habe ich für dich ausgewählt, damit sie dir durch das Evangelium den Weg der Wahrheit zeigen. Deshalb kannst du dich nicht herausreden, weil du alles Gute mir verdankst. Und warum stellst du mich hintan?"

Wenn du dich verwundest, dann suche den Arzt, damit du nicht stirbst. Hat Gott nicht deshalb den Menschen soviel Zeit geschenkt, damit sie ihn um so intensiver anrufen? Wenn du von der göttlichen Gnade berührt wirst, dann rufe schnell, bete, bekenne und weine, daß Gott dir beistehe, daß er das Böse von dir wegnehmend dir Kräfte zum Guten gebe.
Dies alles, weißt du, weil du Gott durch die Gabe des Heiligen Geistes erkennen kannst. Gott läßt dich nicht fallen. Wenn andere Tyrannen dich ergreifen, dann wende dich schnell Gott zu. Er kann dir hilfreich beistehen. Hast du nicht Verstand und Wissen? Das Gottesreich läßt sich finden, aber wie zum Spiel kannst du es nicht suchen. Hört, ihr Menschen, und überseht nicht den Eingang in das himmlische Jerusalem.

III

DER GROSSE ARZT

1. Wie ein Rad bin ich umgetrieben von meinen Sünden

Der gläubige Mensch, der in seinem Innern die Zucht Gottes erfahren hat und diese Zurechtweisung fürchtet, er weiß, daß nicht der Sünder, sondern der Reumütige geschont wird. Inbrünstig spricht er daher in seinem Herzen:

„O Gott, du weißt alles, und du hast alles Gute vollendet. Wenn ich durch meine Begierde sündige, dann zittere ich auch. Und wenn ich mich durch die Reue in meiner Seele zurückbesinne, dann fürchte ich, daß ich diese Reue nicht verwirkliche.

Auch ängstige ich mich, wenn ich mich auf meinen leichtfertigen Wegen und eigenwilligen Pfaden ergehe. Und ich fürchte weiter, daß ich bis ins Alter ein sündiger Mensch bleibe. Oder, daß ich auch dann nicht von den Sünden ablasse, wenn ich Ekel vor ihnen empfinde aus Schmerz oder Traurigkeit. Und warum das alles? Weil ich weiß, was und wie diese Sünden sind.

Ich bin wie ein Rad, das manchmal zum Norden, manchmal zum Osten, manchmal zum Süden und auch zum Westen gedreht wird. Denn wenn ich diese Sünde, durch die ich in der Erbsünde empfangen bin, spüre, dann ziehe ich sie auch in mein Denken, Reden und Handeln hinein.

Und wenn sich meine Seele daran erinnert, wer sie ist, dann siebe ich die Gerstenspreu aus dem Getreide meiner guten Werke aus. Und dennoch führe ich auch dieses nicht bis zur Vollendung aus, weil ich Fleisch und Blut bin.

Auch wenn ich mit Ekel vor meinen Sünden bis zum Greisenalter gelange, so daß mich ein weiteres Sündigen nicht mehr erfreut, und wenn ich weiter mein Leben bezwingen möchte, wenn ich mich dazu noch von meinen Sünden bessern will, dann vollbringe ich auch das nicht. Und so werde ich wie ein Rad umhergedreht ohne festen Stand.

O Gott, das alles sind die Gründe, die mich vor meinen Sünden zurückschrecken lassen. Was ich auch immer tue: In meiner Seele weiß ich, daß du niemanden schonst, der sich dir in Sünden entgegenstellt.

Ja, du hast am Anfang den sündigen Engel in

die Hölle geworfen. Und den Menschen hast du nach seinem Fall in die Verbannung geschickt. Bis zur Vernichtung schlägst du jedes Unrecht seiner Schuld entsprechend zurück. Aber dennoch habe ich Vertrauen, weil du den Himmel gesprengt und Fleisch angezogen hast. Denn dir ist der Fehlende und Sünder anheimgegeben, weil du ihn in deiner Barmherzigkeit durch Buße reinigst. Deshalb lebe ich als Büßer, der ich durch dich reingewaschen bin von meinen Sünden."

Wie sehr auch der Mensch in schwere Schuld verstrickt sein kann, ich richte ihn immer vom Tod zum Heil und Leben auf. Ich versage ihm nicht das Himmelserbe, wenn er seine Vergehen bitter beweint und dieses mit lauterem Aufblick tut, weil er mich zum Zorn gereizt hat.
Das bezeugt auch David in meinem Geist, wenn er spricht: „An welchem Tag ich auch immer zu dir rufen werde, siehe, dann habe ich erkannt, daß du mein Gott bist" (Ps 55,10).

(Hildegard antwortet:) Ich liege in Finsternis. Solange mein Lebenslicht währt, wird sich meinem Gemüt die göttliche Gnade zeigen als die leuchtende Klarheit aus der übernatürlichen Helle. Gequält von Herzenspein, werde ich deshalb in bitterer Reue über meine Sünden zu dir rufen. Allen, die dich reinen Herzens anrufen, gibst du das Heilmittel deiner Güte. Barmherzig hast du bewirkt, daß ich in dieser deiner Heimsuchung erkannt habe: Du bist mein Gott.
Immer hat mich vorher deine Gnade geführt, wenn ich in den Werken der Gerechtigkeit erkannt habe, daß du mein Gott bist. Wenn ich weiter erkannt habe, daß ich in meinen schlechten Werken mich selbst wegwerfe, dann bist du der, der alles vollbringen kann. Du nimmst mich auf.
„Aus dem schmutzigen Lehm reiße mich, damit ich darin nicht festklebe. Von denen, die mich hassen, sowie aus den Tiefen der Wasser befreie mich. Der Wasserströme Sturmflut soll mich nicht verschlingen. Der Abgrund verschlinge mich nicht, noch soll mich

der Schlund der Unterwelt umfangen" (Ps 68,15–16).

Herr, Gott, durch deine milde Gnade entreiße mich Sünder der Fäulnis, in die ich dem Fleisch nach geboren bin. Diese treibt mich zur Sünde an, durch die sich so viel Verstocktheit in mir erhebt, daß ich dich verleugne. Du befreist mich aus meinen großen Begierden. Sie sind lehmig, weil ich zu allem Anfang erdhaft gebildet war.

Du aber, mein Gott, ziehe mich weg von meinen lehmigen Taten, damit ich nicht erfunden werde in abstoßendem Gestank sowie in jener Vergessenheit, die mich wie mit einem Todesdorn festnagelt für die Höllenstrafen. Laß mich vielmehr kraft der Erkenntnis des Guten, erfüllt vom überaus süßen Wohlgeruch der Gotteskräfte, so durch diesen Lehm hindurchgehen, daß ich ihn gleichsam mit festen Schritten unter den Füßen zertrete.

Entziehe mir deine Güte nicht, damit ich nicht ertrinke in diesem gefährlichen und boshaften Strudel der Habgier. Und laß nicht zu, daß ich, gewöhnt an böse Taten, vom Rachen der alten Schlange verschlungen werde,

die als die „Unterwelt" in der Hölle der Gottvergessenheit lebt.
Laß auch nicht zu, daß der Höllenpfuhl sich über mir schließt und mich vernichtet. Im Stolz ist die Hölle anwesend als die Auswirkung und Vollendung aller bösen Werke. Diese Hölle reißt ihr Maul auf, das ist der Tod. Laß endlich nicht zu, daß mich der Tod verschlingt und bezwingt, so als ob es niemanden gäbe, der mich ihm entreißen könnte.
O Gott, dieses mögest du nicht meiner Verdienste wegen bewirken – sie sind ja so gering –, sondern weil du gütig bist. Denn glücklich ist jener Mensch, den Gott erhört und der von Gott die Gnade erhält, das zu erbitten, was zu erbitten ist.

2. Im Tau der Herzenszerknirschung grünen die Gotteskräfte

Wenn der Mensch wegen seiner Sünden so traurig ist, daß er kaum für sein Seelenheil zu hoffen wagt, dann fängt ihn die

Seele geduldig auf. Sie legt ihm nahe, daß Gott für den Menschen um seines Heiles willen Menschengestalt angenommen hat. Und er hilft ihm, sich aus seinen Zweifeln aufzuraffen zur Hoffnung, wie geschrieben steht: „Wenn ich zum Himmel aufsteige, so bist du dort, wenn ich in die Hölle hinabsteige, dann bist du da" (Ps 138,8).

O Gott, jeder Aufstieg der Heiligen sowie ihre himmlischen Werke sind dein Aufstieg, denn du hast sie durch dein Feuer entzündet. Du hast in deiner Liebe den Tau der Herzenszerknirschung auf den Menschen geträufelt. Durch diesen Tau sprossen und grünen die übrigen Gotteskräfte.

Sollte ich aber in die abgrundtiefen Sünden hinabsteigen, weil ich dich vergessen habe, dann habe ich Höllenstrafen verdient. Wenn ich aber in wahrer Reue zu dir gerufen und geschluchzt habe, salbst du mich mit deinen Blutstropfen und heilst mich. Denn du bist mein Befreier und mein Heiland.

O herrliche Gestalt, o süßer Duft der ersehnten Güter! In deinem Blut, Sohn Gottes, sind wir dir verbunden. Immer schauen wir in der Verbannung der Tränen auf zu dir. So oft wir dich sehen, wollen wir bei dir verweilen. Wir sind in der Welt, und du lebst in unserem Gemüt. Dich umarmen wir im Herzen, als ob wir dich gegenwärtig hätten. Du bist der stärkste Löwe. Du hast den Himmel zerrissen, bist hinabgestiegen in den Palast der Jungfrau. Den Tod hast du zerstört und aufgerichtet das Leben in der himmlischen Stadt.

Erkennt die Güte eures Vaters. Er hat euch durch sich selbst aus den Zähnen des Teufels befreit. Dieses aber geschah durch das lautere Bekenntnis und durch die wahre Verzeihung. Er hat euch alle Güter gegeben, mit denen ihr wirken könnt, damit ihr das himmlische Jerusalem besitzen könnt, das ihr durch den sündigen Betrug verloren habt.

Daher freue dich, Tochter Zion, weil dir Gott die Güter zurückgeschenkt hat, die dir die Schlange wegnehmen wollte. Sie leuchten nun in noch größerem Licht, als sie es vorher je vermochten.

3. Ich habe gesündigt gegen das himmlische Kunstwerk, das ich selbst bin

Im Evangelium sagt der jüngere Sohn: „Aufstehen will ich und zu meinem Vater gehen und ihm sagen: Vater, ich habe gesündigt vor dem Himmel und vor dir. Ich bin nicht mehr würdig, dein Sohn genannt zu werden, mache aus mir einen deiner Tagelöhner" (Lk 15,18–19). Das heißt, ein Mensch bekehrt sich durch die Ermahnungen des Heiligen Geistes von der Last seiner Sünden und sagt zu sich:
„Aufstehen will ich von den unerträglichen Sünden, die ich ob der schweren Schuld nicht mehr aushalten kann. Deshalb kehre ich um, beweine und bedaure meine Missetaten, ich

lasse sie mir zu Herzen gehen. So komme ich zu meinem Vater, der deshalb mein Vater ist, weil er mich erschaffen hat. Und ich sage zu ihm: Vater, ich habe gesündigt gegen den Himmel, das heißt: gegen das himmlische Kunstwerk, das ich selbst bin.

Weil du mich nach deinem Willen geformt, in dieser Schöpfung so angerührt hast, deshalb müßte ich auch in meinem Handeln himmlisch sein können. Aber ich habe mich durch schändliche Taten verkrüppelt. Ich habe gesündigt vor dir, weil ich die menschliche Natur in mir entwürdigt habe durch viele Greuel. Deshalb bin ich und nur ich allein schuldig sowohl an meinem Verderben als auch vor deiner göttlichen Majestät.

Ich bin nicht wert, dein Sohn zu heißen. Denn deine Schöpfung in mir habe ich wegen der Bosheit meines Herzens anders gelenkt, als sie von dir gedacht war. Aber nun laß mich dein Sklave werden, den du im Blutpreis deines Sohnes zurückgekauft hast. Ihn, deinen Sohn, hast du selbst um einen solchen Preis dahingegeben, wie ihn der Tod mit keinen Mitteln jeweils zahlen konnte.

Der Tod jedoch verzichtet auf diese Sünder durch die Buße, die im Leiden dieses deines Sohnes geboren ist.
Adam hat das rechtmäßige Erbe der Söhne verloren. Als Sohn war er in Gerechtigkeit geschaffen, ist aber um den Ruhm seines Glücks betrogen worden. Nun müssen die Sünden getilgt werden durch die Buße des Menschen, geeint mit dem Blut deines Sohnes."

Wenn die Seele im Sündenschlamm dem Licht verborgen ist, wenn sie sich weiter nicht von Sünden enthalten kann, dann sagt sie mit klagender Stimme: „Ach, ach, ich Unglückliche, ich bin lebender Hauch aus Gott und bin trotzdem in solch stinkende Sünden verwickelt, daß ich nicht mehr mit Freuden zum Himmel aufblicken kann. Ach, woher komme ich und wohin gehe ich? Was nützen mir alle Güter, die Gott geschaffen hat, wenn ich in der Hölle versinke?"
Aber danach findet sie sich wieder und sagt: „Auf dich, mein Gott, vertraue ich (Ps 41, 12).

Weil ich in wahrer Reue durch sein Erbarmen gerettet werde aus den höllischen Strudeln, die ich verdient habe."

Und durch die Gnade Gottes getröstet und gestärkt, sagt sie abermals: „Meine Seele, warum bist du traurig? Hoffe auf Gott, denn schon preise ich ihn. Er ist mein Heil, zu dem ich aufschaue, und mein Gott ist er."

Wenn der Mensch, durch die Natur der Seele bezwungen, seine Sünden bessern will, dann sagt er in der Freude, die ihm aus den Strömen des lebendigen Wassers einfließt: „Warum bist du betrübt und verwirrt in meiner Seele? (Ps 41,6). Obwohl ich durch die Gnade Gottes mit Seufzen und Tränen meine Sündenwunde tilgen kann, vertraue ich darauf, daß ich durch die Wunden meines Herrn befreit werde. Er hat Nägel und Lanze für meine Sünden erduldet."

Daraus ergibt sich, daß alle bösen Werke durch die bittere Reue ausgeschieden werden wie Speise und Trank. Denn wer in Sünden ausgelöscht war, lebt in guten Werken wieder auf.

Der überaus gütige Vater schickte seinen Eingeborenen, um für das Volk zu sterben. Denn er wollte den Menschen aus der Macht des Teufels befreien.
Und deshalb leuchtet der Mensch in Gott und Gott im Menschen. Der Mensch hat Gemeinschaft mit Gott. Er besitzt nun im Himmel ein strahlenderes Leuchten, als die Herrlichkeit leuchtete, die er einst hatte. Das wäre nicht geschehen, hätte der Sohn Gottes nicht Fleisch angenommen und wäre Mensch geworden.

Wir Pilger, was sollen wir tun, um die Sünden zu meiden? Königstöchter müßten wir sein, aber wir verfielen dem Schatten der Sünde. O lebende Sonne! Trage uns auf deinen Armen zu dem überaus gerechten Erbe, das wir in Adam verloren. O König der Könige, in deiner Schlacht kämpfen wir. O süße Gottheit, o mildes Leben, in dir atmen wir auf und rufen alle Kräfte Gottes an.

4. Christus, der große Arzt

Der gläubige Mensch sieht seine Wunden. Und bevor er in den Tod versinkt, sucht er den Arzt. Er wird auch den Arzt finden, wenn er in seinen Schmerzen ihn sucht. Der Arzt zeigt ihm den herben Saft der Salben, durch die er geheilt werden kann. Das sind strenge Worte. Durch sie prüft er, woher die Reue kommt, ob aus der Wurzel seines Herzens oder aus dem Wind seiner Wankelmütigkeit. Wenn er ihn geprüft hat, gibt er ihm den Wein der Reue, damit er die übelriechenden Wunden auswäscht. Und weiter gibt er ihm das Öl der Barmherzigkeit, damit es die Wunden lindere bis zur Heilung.

Ich bin der große Arzt für alle Krankheiten. Wie ein Arzt es macht, so halte ich es auch. Er sieht die Leiden und verlangt glühend nach Heilmitteln. Wenn das Leiden gering ist, heilt er es leicht. Wenn es aber schwer ist, dann sagt er dem Kranken: „Ich verlange von

dir Silber und Gold. Ich sage zu dir, was du mir geben sollst."
Wenn ich aber, o Mensch, so handeln wollte, dann würde ich die leichten Sünden mit Seufzen und Tränen und dem guten Willen des Menschen abwischen.
Bei schweren Vergehen aber sage ich: „O Mensch, tue Buße und ändere dich, dann zeige ich dir meine Barmherzigkeit und gebe dir das ewige Leben."

Und ich juble auf unter dem Schutz deiner Flügel, meine Seele verlangt nach dir" (Ps 62, 7–8).
Immer, wenn ich von schweren Sünden befreit bin, freue ich mich, weil du mich verteidigt und geschützt hast. Und ich atme erleichtert auf, weil sich meine Seele sehnt, durch gute Werke zu dir zu kommen.
Damit ich von meinen Feinden befreit werde, rufe ich mit allen Kräften deine machtvolle Stärke an.
Denn ich bin dein Kunstwerk. Du hast mich gebildet. Und bereits vor dem Ursprung der

Tage war es dein Plan, mich so zu erschaffen, daß mir alle Geschöpfe helfen.
Als du mich geschaffen hast, hast du mir so viel Kraft geschenkt, so wie du zu wirken.
So wie du mich gebildet hast, gehöre ich dir.
Steh auf, o Held, o Kämpfer! Ergründe in deinen gerechten Gerichten jedwedes Recht, damit deine Gerichte nicht untergehen.
Du aber bist König, du wirst in Ewigkeit bestehen. Wir aber sind klein, erbarme dich unser.
O Wort des Vaters! Du bist im Kreis des Tagesumlaufes das Licht der ersten Morgenröte. Alles bewirkst du in göttlicher Kraft.

5. Als die Grünkraft der Gotteskräfte verdorrte

Die Grünkraft der Gotteskräfte verdorrte, und alle Gerechtigkeit beugte sich dem Verfall. Im Sommer herrschte vielfach wider-

natürliche Kälte und entgegengesetzte Hitze im Winter.
Und es entstand eine solche Dürre und Feuchtigkeit, verbunden mit anderen vorauseilenden Zeichen, daß viele sagten: Der Tag des Gerichtes steht bevor.
Da spricht der Sohn zum Vater und sagt: „Im Ursprung grünten alle Geschöpfe. In der Zeitenmitte blühten die Blumen. Danach versiegte die Grünkraft."
Das sah der kampferfahrene Held und sagte: „Ich kenne diese Zeit. Aber die goldene Zahl ist noch nicht erfüllt. Du, Vater, du Urspiegel alles Geschaffenen, schaue: Schwäche leide ich an meinem Leib. Schon ermüden meine Kleinen. Nun bedenke, daß die Fülle, die am Anfang bestand, nicht verdorren darf. Schon damals war es deine Absicht, niemals dein Auge abzuwenden, bis du meinen Leib voll Edelsteinen siehst. Nun betrübt es mich, daß alle meine Glieder dem Spott entgegenlaufen. Vater, schau, ich zeige dir meine Wunden."

Lob sei dem Blut Christi! Dieses hat seinen Getreuen den Panzer der Gerechtigkeit und der Gotteskräfte angelegt. Am Ort der Erquickung hat das Blut Christi seine Gläubigen wiederaufgerichtet. Du aber, Jerusalem, freue dich! Weil du im Leiden Christi die Gläubigen wahrhaft aufgenommen hast.
Du aber, o Morgenröte des Heiles, in Seligkeit glühst du, weil Jerusalem ihre Kinder in Freuden gerettet hat. Und deshalb singen die Engel ihre Lobgesänge und sprechen: „Wir haben in der Kelter aus euren Werken den Wein gepreßt. Deshalb haben wir mit euch Gemeinschaft. Luzifer flieht, er versteckt sich, wie sich die Schlange in ihrer Höhle versteckt."

Nun, Vater, befreie gütig die Deinen aus ihrem Elend und ihren Schmerzen. Denn der, der aus der Erde erstand, jubelt im Himmel.
Gott ist eingedenk, daß er den Menschen in neuer Weise beleben will durch die Reue über seine Sünden.

6. Christus betet zum Vater für die Glieder seines Leibes

Mit diesen Worten sprach der Sohn zum Vater:

„O Vater, ich war immer bei dir. Du hast mich ausgesandt, das Gewand des Fleisches anzulegen. Und so bin ich auf Erden gewandelt und habe alles erfüllt, was du mir aufgetragen hast. Weil ich deine Wahrheit bin, hast du mir alles zu meinen Füßen gelegt. Ich aber stehe über ihnen, denn sie sind auf der linken Seite und können nicht zu dir kommen, weil dein wahres Werk zu deiner Rechten ist. Dieses Werk wirke ich mit dir, wie du es vor dem Ursprung der Tage im voraus angeordnet hast.

So wie der Herr auf dem Schemel seiner Füße steht, so richte ich meine Feinde. Deshalb wende mir deine Hilfe zu und rette mich vor meinen Feinden. Weil ich dein Sohn bin, schreite ich über Nattern und Ottern. Deshalb achte auf meine Sorge für meine Glieder. Ja, das ganze Heilswerk, das du gewollt und mir aufgetragen hast, habe ich zu Ende geführt. Und so bin ich in dir und du in mir, und wir sind eins."

Und wiederum spricht der Sohn zum Vater: „Nun gedenke, daß die Fülle, die am Anfang geschaffen war, nicht verdorren darf. Denn am Anfang der Welt hast du in ihr Ende hineingeblickt. Du hast sie nicht der Vergessenheit überlassen, wie du jene vergessen hast, die ins Unglück stürzten.

Und laß nicht zu, daß die Zahlenfülle des Menschengeschlechtes, die du am Anfang im ersten Menschen vorausgeschaut hast, bis zur Vernichtung verschwindet. Denn es war nicht dein Wille, daß sich vor der festgesetzten Zeit das Menschengeschlecht völlig aufreibt.

Als du den Menschen geschaffen hast, hast du in deinem Urratschluß beschlossen, daß dein Auge, dein Wissen, alles vorausschaut, alles richtig ordnet und niemals von dem abweicht, was du dir vorgenommen hast. Das heißt: daß weder der Mensch wegen seiner Maßlosigkeit gänzlich umkommt noch die Welt untergeht, bis du meinen Leib, an seinen Gliedern, voll Edelsteinen siehst. Weil du die Gläubigen als meine Glieder eingefügt hast, so ist mein Leib vollkommen in all denen, die auf dich durch mich vertrauen und dich ehren. So sind sie Edelsteinen gleich, in denen die Gotteskräfte leuchten."

Weil ich mich nach deiner Planung mit dem Kleid von Fleisch umkleidet habe, besorgt es mich, daß meine Glieder, das sind die, die durch das Sakrament der Taufe mit mir verbunden sind, von mir abfallen.
Wenn sie dem Sohn des Verderbens (dem Antichristen) lauschen und ihn verehren, könnten sie zum Spott, zum teuflischen Betrug, überlaufen.
Wer abgefallen ist, den hole ich zurück. Die Widerspenstigen aber, die im Bösen verharren wollen, verstoße ich.
Vater, weil ich dein Sohn bin, schaue jene Liebe, mit der du mich in die Welt gesandt hast.
Betrachte meine Wunden, durch die ich dei-

nem Gebot gemäß den Menschen erlöst habe.
Ich zeige sie (meine Wunden) dir, damit du dich jener erbarmst, die ich erlöst habe.
Laß nicht zu, daß sie aus dem Buch des Lebens gelöscht werden. Denn durch das Blut meiner Wunden bringe ich sie kraft der Reue zu dir zurück, damit nicht jener, der meiner Menschwerdung spottet, sie ins Verderben zieht."

IV

DAS WERK DES HEILS

1. In der Kraft deines Geistes wirkst du, o Gott, dein ganzes Werk

Gott von Gott, „du wandelst auf den Flügeln der Winde" (Ps 103,3), deren Aufstieg und Flug von deiner Kraft getragen sind, und zwar durch die Kraft deiner Geistigkeit in den Engeln und Menschen. Sie sind fähig, sich als deine Kunstwerke nach oben zu erheben. Und du bist die Weisheit, die ihnen die Einsicht für ihre Geistigkeit gibt. Damit sie ihre Werke erkennen mögen, so wie sie sind und diese Werke auf Christus bauen, so wie der weise Mann sein Haus auf Felsen baut. Mit Weisheit gräbt die Geistigkeit tief die Erde auf, damit sie ihr Haus auf Felsen baut. Diese Gabe des Heiligen Geistes eilt mit der Wahrheit zur himmlischen Liebe des ewigen Gottes.

O Gott, du reiner Gott, du hast Mose aus dem Wasser gezogen und behütet, damit er nicht im Tod ertrinke, bis ihn die Pharaotochter wie ihren Sohn ernährte. Die Weisheit ist der Kraft des Geistes verbunden. Und der Leib lebt als Gewand dieser Kraft. In die-

sen drei Kräften (Weisheit, Einsicht und Geisteskraft) hast du dein ganzes Werk vollendet. So gibt es keine Spaltung. Und du bist alles in und über allem.
Du hast in deiner Allmacht die Möglichkeit, die Schöpfung so auszuweiten, daß in einer einzigen Form eine Vielfalt an Gedanken ist. Die Urväter hast du dir vorausgeschaut, die für das Neue Testament die Vorbilder Christi sind. So hast du durch die Regenwolke bei Noach, durch den Widder bei Abraham und durch Mose, den du aus dem Wasser gezogen hast, in diesen Wundern die Geheimnisse und Wunder vorgebildet, die damals den Menschen verborgen waren. Und Mose hast du das Bundesgesetz aufgeschrieben.
Du hast die Wolken aufgeschlossen und das Wasser ergossen. Und durch die Beschneidung hast du Abraham die Taufe gezeigt. Ihre Salbung hast du durch Mose geheiligt. Ihn hat die Pharaotochter aus dem Wasser genommen und aufgezogen. Die Tochter des Pharao versinnbildet die Kirche. Sie hat sich aus den Völkern, die einst den Götzen ergeben waren, zu Gott bekehrt durch das Bad

der Taufe und durch die Salbung des Heiligen Geistes.
Du hast dem Mose, der durch die Wolkensäule das Volk Israel geführt und das Rote Meer geteilt hat, die zukünftigen Wunder vorausgezeigt. Dazu hast du dich Mose, deinem geliebten Freund, mit dem Rücken gezeigt, als er dein Angesicht sehen wollte. Dadurch soll gesagt sein, daß der auf Erden lebende Mensch dich nicht sehen kann, es sei denn, er erkennt dich im Glauben. Mose hat geheimnisvolle Wunder gezeigt, die menschliches Sinnen bei weitem übersteigen.
O heiliger Gott, dir sei Ehre in allen deinen Werken, die du in diesen deinen drei Säulen gewirkt hast und ebenso in den Wundern, die du bis zum jüngsten Tag am Menschen wirkst. Denn durch den Heiligen Geist sind die übrigen Propheten in diesen drei Kräften beflügelt. Mit ihnen eilen sie zu dir.
Nun bewahre die Großen und Kleinen, die in deinem Geist schreiben, und mich ganz Kleine, die ich mich unter dem Hauch des Heiligen Geistes um diese Schrift mühe.

So mahnt die Kirche mit lauter Stimme, die ihr von Gott gegeben ist: „Daß ihr mich, Gott, der ich ohne Anfang und Ende bin, sehen und betrachten könnt, kommt daher, daß mein Eingeborener Mensch geworden ist. Darum erbarme ich mich um seiner Liebe willen über seine Söhne.“
So fürchtet den Vater, liebt den Sohn und glüht im Heiligen Geist.

Dein Sohn hat Maria im Glauben empfangen. Allmächtiger Gott, wir bitten dich, gib, daß dein Sohn durch sein Fleisch und Blut die Menschen, die den wahren Glauben haben, an Leib und Seele heiligen möge.

O Stern! In deiner Klarheit hast du den gezeigt, der in herrlicher Gestalt schöner als alle Menschenkinder gekommen ist, so daß die Magier den Sohn Gottes als Säugling angebetet haben. Von seinem Antlitz leuchten die Gotteskräfte. Denn alle Elemente und alle Menschenkinder sehen in diesem Antlitz das Wort Gottes.

O Heiliger Geist, belebendes Leben, das als Wurzel alles in jeder Schöpfung zum Wachsen bewegt und allen Schmutz abwischt. Die Sünden waschend, heilt er die Wunden und ist so das funkelnde und lobwürdige Leben, alles erweckend und aufwekkend. Komm, Heiliger Geist!

O feuriger Geist! In dir erglüht das Herz der Menschen, und ihre Brust umspannt alle Kräfte der Seele. Nun würdige uns alle, auf daß wir den rechten Weg einschlagen und zu dir kommen.

2. In der Taufe wird die Seele zum Zelt des Heiligen Geistes

Der Sohn Gottes ist Mensch geworden. Er hat die Gläubigen und Getreuen durch das Wasser zurückgeholt und die Sünden verziehen. Jede Gotteslästerung, die als Sünde in Adam aufbrach, ist durch das Wasser gereinigt worden. Und wie das Feuer durch das Wasser gelöscht wird, so wurden auch die Erbsünde und die übrigen Sünden in der Taufe abgewaschen, denn der Heilige Geist kam mit dem Wasser. Die Seele aber, die durch die Täuschung des Teufels vergiftet war, hat er (der Heilige Geist) geheiligt, darum lebt sie in der Verbindung mit dem wahren Glauben als sein Zelt.

Deshalb spricht David, mein Knecht, durch mich inspiriert: „Du hast die Finsternis gesetzt und die Nacht geschaffen, die Tiere des Waldes durchstreifen sie" (Ps 103,20). „O Gott und Herrscher, du hast alles recht geordnet. Im gerechten Gericht hast du die Finsternis als Strafe für die Bösen errichtet und dadurch auch die Nacht eingesetzt."

Denn wenn die Ungläubigen in der Finsternis des Unglaubens sind, laufen sie auch in die Finsternis des Todes. In dieser Nacht entbehren sie das Licht des Glaubens. Sie sind unmenschlich in der Tyrannei und unfruchtbar im Unglauben. Wenn sie dann den Unglauben nicht ablegen und nicht durch die Gnade der Taufe zu dir, o Gott, eilen, fallen sie der Vergessenheit anheim, als wären sie nie gewesen.

Aber der ist gläubig, der die Finsternis des Unglaubens abgelegt hat, aus der Nacht der ewigen Verdammnis geflohen ist, die fruchtlosen Taten hinter sich gelassen und sich zum Leben bekehrt hat.

Der jenem, der ihm das Leben weggenommen hat, dem Teufel, widersagt und sich im Bad der Taufe gereinigt hat, ja der ist gläubig. In der Taufe empfängt er die Einhauchung des Heiligen Geistes und dadurch die Teilhabe an seiner Heiligkeit.

Doch die göttliche Allmacht sieht die Herzen der Menschen. Voll Erbarmen trägt sie im Bad der Taufe von ihnen den Unglauben der Sünde hinweg und wirft diese Sünden neben den Weg, der Christus ist.

3. Die Eucharistie und die Gotteskraft der Sehnsucht und der Hingabe

Alle, die das Fleisch meines Eingeborenen empfangen, werden durch die Süßigkeit belebt. Sie werden keine Verachtung und Schmach mehr erleiden. Wie es im Hohenlied geschrieben steht: „Wer gibt dich mir zum Bruder, genährt an der Brust meiner Mutter? Damit ich dich draußen finde und küssen könnte, niemand würde mich mehr verachten“ (Hld 8, 1).
(Der Mensch antwortet:) Diese Worte spricht in zuversichtlichem Glauben die Gotteskraft der Sehnsucht und der Hingabe, und zwar seit den Anfängen der Kirche. Wer gibt mir unglücklichem Menschen, verhaftet im

Elend, im überaus gütigen Opfer dich, den Bräutigam der Kirche? Wenn ich dich auf Grund deiner Menschwerdung meinen Bruder nennen darf, wenn ich Erbarmen und Wahrheit trinken darf, dann sind das die Speisen, mit denen Gott die Menschen nährt. Gott selbst ist mir durch meine Erschaffung zur Mutter geworden, die mir gleichsam mit der Entwicklung der Schöpfung das Leben gibt.

Dann ist die Nahrung der Kirche mit deiner Gnade erfüllt, wenn du ihr im Sakrament deines Leibes und Blutes den vollen Reichtum gibst. Du bist das lebendige Brot und die Quelle des Lebenswassers.

Und das bewirkst du deshalb, damit ich dich draußen eindeutig und sicher finden kann. Denn wenn ich dich als Sohn Gottes im Himmel weiß, dann will ich dich auch als Mensch auf Erden sehen. So bewirkst du, daß ich dich finde im Brot und Wein des göttlichen Mysteriums. Dieses Sakrament ist unbelastet von Täuschung und von Angst vor Betrug. Und deshalb küsse ich dich auf diese Weise. Weil du um meines Heiles willen Mensch geworden bist, deshalb gibst du mir auch Anteil an deinem Leib und Blut. Ja, weil du mir zuliebe in die Welt gekommen bist und dich selbst für mich dahingegeben hast, darum wird mich von nun an kein Geschöpf mehr verachten. Selbst dann nicht würde es mich verachten, wenn ich mich deinen Geboten gegenüber widerspenstig erweisen würde und so oft im Widerspruch gegen dich anzutreffen wäre; wenn dagegen aber das Geschöpf selbst sich deinem Willen unterwerfen wollte und dir nachfolgen würde, selbst dann könnte es mich nicht verachten.

4. Das Brot des Lebens erfreut das Innerste des Menschen

Ihr, die ihr vertrauensvoll an mich glaubt, das Fleisch meines Sohnes zur Vergebung eurer Sünden empfangt, ihr erhaltet in der Freude über dieses Sakrament die Gotteskraft zur himmlischen Stärkung. So ruft nach meinem Willen mein Knecht David mit glühen-

dem Eifer, als er sagte: „Wir werden gesättigt von der Frucht deiner Werke. Die Erde bringt Gras für das Lasttier hervor und die Pflanzen zum Dienst für den Menschen. Damit sein Antlitz gesalbt sei mit Öl und das Brot des Menschen Herz stärke" (Ps 103, 13–15).
O Gott, über allem steht deine Großmut. Von diesem Glauben, in dem du in Wahrheit erkannt wirst, wird der Mensch genährt. So sehr, daß dieser Glaube in deiner Wahrheit selbst die Frucht der Gotteskräfte ist. Wer sich diesem Glauben hingibt, wirft auf dem Weg nach Gerechtigkeit den Unglauben ab. Weil er vorher die Wahrheit verachtet hat, siecht er dahin. Er hungert nach Lauterkeit. Aber nun bringt er im Überfluß guter Werke die Herzenszerknirschung hervor. Er wird sich seiner Schwäche bewußt und gibt denen getreulich ein Beispiel der Demut, die lauter sind. Und gemäß deinem Willen vollzieht sich das alles deshalb in den Menschen, damit du sie, die wunderbar mit diesen Gotteskräften geschmückt sind, auch nährst mit dem Leib deines Sohnes.
Das ist jene Frucht, die die Erde in der Rein-

heit der grünen Lebenskraft sprossen läßt. So wie auch dem Leibe nach dein Eingeborener aus dem Schoß der jungfräulichen Reinheit hervorging. Er gab sich selbst dahin als das Brot des Lebens für die Gläubigen.
Dieses Wunder wirkst du deshalb, damit auch das Blut deines Sohnes – ausgegossen zum Heil der Seelen – das Innerste der Menschen erfreut, das heißt ihre Seelen durch die Vergebung der Sünden. Denn wie einst der Leib deines Sohnes zur Erlösung des Menschengeschlechtes am Kreuz geopfert wurde, so wird ebenfalls auch uns, zum Heil der Gläubigen, sein Fleisch und Blut auf dem Altar dargebracht.
Wenn dies nach deinem Willen wunderbar geschieht, dann wird dieses Sakrament das Antlitz erfreuen. Das heißt: weil die Gläubigen mit der Freude aus dem Glauben die Barmherzigkeit umarmen und herrlich in den Augen Gottes erscheinen. Deshalb wird die Kirche mit dem Öl der Barmherzigkeit übergossen.

Ich, der Vater, habe meinen Sohn in die Welt geschickt, leiblich geboren aus der Jungfrau Maria, damit ich durch ihn euch aus der Verlorenheit des Todes zurückkaufen kann und damit ich in euch und ihr in mir wohnen könnt. Bevor mein Sohn sein Leiden auf sich nahm, gab er euch sein Fleisch zu essen und sein Blut zu trinken.
Deshalb werden die Seelen durch das Öl der Barmherzigkeit vom Hunger der Verlorenheit gesättigt werden. Denn mein Sohn hat euch als Medizin für eure Wunden die Reue gebracht.

5. Durch die Gnade der Buße rufst du den Menschen zum Leben zurück

Herr, ich habe erkannt, daß deine Gerichte gerecht sind und daß du in Wahrheit mich gedemütigt hast" (Ps 118,75). Das bedeutet: Herr, durch deine Güte habe ich in meinem Inneren erfahren, daß du mich nicht ob meiner Sünden vernichtet hast. Mein Wir-

ken mit Leib und Seele hast du nicht um den Erfolg gebracht, weil du nicht mit Macht und auch nicht im Zorn richtest. Vielmehr beurteilst du die Wissenden wie auch die Unwissenden danach, wie hoch ihre Verdienste sind.
Gutes wirke ich, wenn ich gegen mich kämpfe. Böses tue ich mit der Begierlichkeit des Fleisches. Und deshalb schenkst du dem Guten den Lohn und dem Bösen das Gericht. So richtest du nicht anders als angemessen und gerecht. Wie ist das zu verstehen? Wenn du bereits tatkräftig einschreiten würdest, ehe die Taten der Menschen im Werk vollbracht sind, dann wären deine Gerichte nicht angemessen. Wenn du dich aber aus Nachlässigkeit nicht um uns kümmerst, nicht zur Buße aufforderst; wenn weiter das Böse nicht aufgedeckt, nicht bereinigt wird, dann, gerechter Gott, würdest du das Unrecht beschwichtigen und unterstützen.
Der Tod war im Tod Adams das allerbitterste Gericht. Nun aber, nachdem du die Gnade der Buße zurückgeschenkt hast, rufst du den Menschen zum Leben zurück. Das kann un-

möglich durch einen anderen als nur durch dich, o Gott, geschehen. Und das ist dein überaus gerechtes und angemessenes Gericht, nämlich: mit der Gnade die Läuterung zum Leben bewirken. Denn den Vorteil eines jeden bemessen deine Gerichte im rechten Maß.

Ja alles, was du geschaffen, geschieht in Wahrheit, so daß du nicht maßlos täuschst und eine Übermacht aufbietest. Denn was über das Maß hinausgeht oder hinter ihm zurückbleibt, ist irreführend.

Aber dennoch verschonst du mit dem vielfältigen Erbarmen deiner Allmacht. Mit der Macht deiner überaus herrlichen Kraft überwältigst du niemand. In dir selbst erwägst du, wie du durch Buße schonen kannst. Deshalb habe ich mich vor deinem Erbarmen gedemütigt. Deinem Namen gebe ich die Ehre, auch dann, wenn mich dein Gericht wegen meiner verdienten Strafen beunruhigt.

Herr, allmächtiger Gott, wahrhaft und gerecht sind deine Gerichte" (Offb 16,2). O Herr, in Ehrfurcht wirst du Herr genannt, aus Liebe Gott. Allmächtiger wirst du genannt, weil du das All umfaßt. Wahr und gerecht sind deine Gerichte, weil die rechte Ehrfurcht vor dir alles Fürchten überwindet, weil deine Liebe jede Liebe bindet und weil in Wahrheit deine Allmacht alle Mächte in Zaum hält.

Wenn sich aber der Mensch anmaßend selbst das Gesetz gibt, so als ob er sein eigener Gott sei, dann zeigst du ihm durch deine gerechten Gerichte: Gegen dich kann er nichts ausrichten.

Wenn er seine fleischliche Eigenliebe deiner gerechten Liebe vorzieht, dann tritt er in sich jene Liebe mit schmerzlicher Bitterkeit so nieder, daß er durch niemand als nur durch dich getröstet wird.

Wenn es aber der Mensch so weit getrieben hat, daß er sich selbst deinen Geboten entgegensetzt, daß er ein Götzenbild statt deinen Namen verehrt, dann bekämpfst du deinen Feind durch dein gerechtes Gericht.

Dieser Feind hat bereits von seinem ersten Anfang an den Menschen getäuscht, denn er hat dich für ein Nichts gehalten. Dann schickst du Blitze und Donner auf die Erde, gießt die Sintflut aus den Wassern aus. Du gebietest: Unfruchtbar soll die Erde sein. Über die Menschen bringst du Krankheit und Kriege.
Begreifen sollen sie, daß dies alles durch niemand anderen als nur durch dich geschehen kann, damit die Menschen erkennen, daß deine Gerichte gerecht sind.

6. Führe uns zur Freude des Heils

O Kraft der Ewigkeit! Alles hast du in deinem Herzen durch dein Wort geordnet. Alles wurde so geschaffen, wie du es gewollt hast. Und dein Wort hat das Fleisch angezogen in der gleichen Gestalt, die aus Adam abgeleitet wurde. So wurden Adams Gewänder nach dem größten Leid abgewaschen. O wie groß ist die Güte des Heilandes, die durch seine Menschwerdung alle befreit hat. In diese Menschheit hat sich die Gottheit ohne die Fesseln der Sünde eingehaucht.

Alles, was Gott geschaffen, hat er in Liebe, Demut und Frieden vollendet. Deshalb kann auch der Mensch lieben und in wahrer Demut Frieden finden. Wenn der Mensch in der Liebe lebt, die Demut ergreift und den Frieden hält, dann stürzt er nicht ins Verderben. Mit diesen Gotteskräften heilt Gott, bis der Mensch zu seinem ersten Ursprung zurückgekehrt ist.

O ewiger Gott, nun laß uns dir wohlgefällig sein, und schaue auf unsere Not. Um deines Sohnes willen, ziehe sie von uns ab. Führe uns zur Freude des Heils. Wir sind die Glieder, die du in Liebe geschaffen hast. So wie du in jener Liebe glühst, als du deinen Sohn vor aller Schöpfung in der Urmorgenröte gezeugt hast.

Gott sah im Ursprung der Tage voraus, daß der Teufel durch die Frau das Leben vernichten wollte. Und deshalb hat Gott in seiner Weisheit ein großes Bollwerk dagegen aufgerichtet. Und in einer anderen Frau in reiner Unschuld ein anderes Leben geschenkt.

Deshalb, o Gott, in deiner Weisheit beten dich die Himmel und die Engel an, die himmlische Heerschar bewundert dich und spricht: „Oh, aus dem Erdenlehm erstanden Gottes Wunder, reich geschmückt, so daß die neue Sonne aufging, ein neues Licht erstrahlte, und es erklang ein neues Lied."

Deshalb, o Weisheit, sei dir Lob! Weil du eine andere Frau gefunden hast, die die Schlange nicht mehr täuschen kann. Das ist die Jungfrau Maria. Sie hat das ganze Menschengeschlecht gekrönt. Der Teufel kann keinen Menschen mehr täuschen, wie er es einst getan. Eva hat in Schmerzen lauter Wehklagen empfangen. In Maria aber klang die Freude auf, das Zitherspiel, die Symphonie.

O Leben, du stehst auf in der Morgenröte. In dieser Morgenröte hat der allmächtige König voll Erbarmen seine Weisheit gezeigt. Ursprünglich war sie (die Weisheit) bei dem weisen Mann (Adam), als die Frau durch den alten Verführer auf den Tod zuging. Wir klagen, welche Trauer, welches Weinen, weil wir in der Frau begründet sind.
O Morgenröte, dies alles hast du abgewaschen in der Gestalt der reinen Frau. O Urbild der Frau, Schwester der Weisheit, wie herrlich bist du! Denn in dir ist ein überstarkes Leben entstanden, das niemals mehr der Tod erdrosseln wird. Dich hat die Weisheit errichtet. Deshalb sind alle Geschöpfe durch dich gekrönt. Sie haben einen besseren Anteil empfangen als den, den sie einst verloren hatten.

Du bist der höchste Friede und die reinste Sonne! Dich bringt die lebendige Wurzel hervor, die die Wiedergeburt aus Geist und Wasser ist.
Wenn die Menschen eifrig zu dir kommen,

um dich zu erkennen, dann werden sich die gleichsam Krummen schnell zur Gerechtigkeit und Wahrheit aufrichten.
Ja, diese Menschen waren niedergebeugt im Unflat von unaussprechlichem Schmutz unter schweren Verfluchungen. Und die, die dich mit Haß und Neid gleichsam zerfleischt haben, umarmen dich nun mit glühender Liebe im Spiegel des Glaubens.

V

WEGE ZUM LEBENDIGEN LICHT

1. Die Propheten der Vorzeit verkünden im leuchtenden Schatten das lebendige Licht

O ihr Heiligen der Vorzeit, ihr Propheten! Gottes Wort erstrahlt in menschlicher Gestalt, daher leuchtet ihr in ihm. Ihr erbaut die Glieder seines herrlichen Leibes. Gotteskräfte sind die Wurzel. Ihr seid die Zweige, die Frucht des lebendigen Auges und der Schatten im Worte Gottes.

Mit Harfenklang lobt Gott in tiefer Verehrung! Singt ihm mit dem Zitherspiel der honigfließenden Melodie. Ja, es folgt die Zither der klingenden Posaune, der Harfe und dem Gesang des Psalters. In gleicher Weise haben die seligen Geister ausgehalten in der Liebe zur Wahrheit. Als der Mensch geschaffen war, standen in wunderbarer Sprache die Propheten auf. Ihnen sind mit Worten voller Freude die Apostel gefolgt.

Der Heilige Geist geht vom Vater und vom Sohn hinein in die Wahrheit der Propheten. Er läßt die Propheten prophezeien, und dennoch blieb oft die Tiefe der Prophetie verborgen, wenn sie ihre Texte niederschrieben. Gleichsam im Schatten sprachen sie oder in nächtlichen Visionen, manches Mal auch durch Zeichen.

Durch seine Heiligen und Propheten zeigt Gott seine Wunder in allen Weltzeiten. Die menschliche Seele soll vom himmlischen Verlangen nicht abwandern, sondern sich des ewigen Lebens erinnern können durch den Glauben.

Und wiederum hörte ich eine Stimme zu mir sagen: „O goldene Kraft, wie herrlich bist du! Du bist im ersten Klang hervorgegangen, so daß alle Elemente ihr Leben empfingen.
Und später hast du Abel, den Heiligen, auser-

wählt, damit er sein unschuldiges Blut vergieße.
Und du hast durch Noach in der Arche neue Wunder gezeigt, als die ganze Erde entblößt war von den Geschöpfen, die sie einst besaß.
O Weisheit, du hast aus der Erde neue Kraft hervorgebracht. Und du läßt Abraham den Namen der Allerheiligsten Dreifaltigkeit anbeten. Ihm hast du die Beschneidung gegeben, die die Menschwerdung des Herrn verkünden soll.

O ihr glücklichen Wurzeln, aus denen das Wunderwerk entsprossen ist. Es ist kein Werk der Sünde, sondern es ist der Sturzbach, der dem leuchtenden Schatten den Weg bahnt.

O ihr verehrungswürdigen Großen! Ihr durchschreitet das Verborgene. Ihr schaut mit den Augen des Geistes und verkündet im leuchtenden Schatten das lebendige Licht.

2. Gott ließ aus Noach die neue Welt hervorkommen

Noach, du bist das heilbringende Zeichen, denn dich hat Gott im Verborgenen belehrt, wie du durch das Wasser geheilt werden konntest.
Deinem Herzen hat er eingegeben, ihm zu Ehren einen Altar zu errichten. Du lebst wie die Morgenröte, die der Funke der Sonne ist. Gott hat in dir vorausgezeigt die neue und alte Heiligkeit der Propheten und Weisen sowie das Gesetz der Unversehrtheit.
Dieses Gesetz stammt nicht aus der Seite des Mannes, sondern es wurde in die Gestalt *der* Frau eingepflanzt, die noch nicht unter der Gewalt des Mannes stand.
Deshalb konnte dir auch die Kraft des Wassers nicht schaden. Aus dir ließ Gott die neue Welt hervorkommen. Und dir hat er die vom Wasser getränkte Erde gegeben.
Noach, du bist der Ursprung der Heiligkeit sowie des Wachstums des Menschengeschlechtes. Es geht von dir aus. Nun bitten wir dich, vergiß uns nicht ob unserer

Nachlässigkeit in den Liedern deiner Lobgesänge.
Sondern um der Liebe jenes willen, der dich zu seinen Wundern erwählt hat, bitten wir dich: Gedenke unser vor Gott in deinen Liedern und Gebeten. Amen.

3. In Abraham ist der Gehorsam des geliebten Sohnes vorgebildet

Heiliger Gott, du lebst ungeteilt und unvermischt. Du zeugst durch dein Wort aus deinem Wesen das Leben aller Schöpfung. Ja mehr noch, ihre Gestalt ist so durch dein Wort geformt, daß sie niemals mehr an Kraft verliert. Die grüne Schöpfung lebt aus dem Windhauch, aus der Luft im strömenden Wasser. Die Schöpfung der Sinnenwesen hast du mit Fleisch bekleidet.
Du hast den unversehrten und ungeteilten Gehorsam deines „Gewandes", deines mit der Menschheit bekleideten Wortes, in Abraham vorgebildet und aufgeschrieben. Und diesen

reinen und unversehrten Gehorsam hast du bewahrt um der Freiheit derer willen, die für den Ungehorsam büßen, der in Adam erstanden ist.
Du hast Abraham geboten, dir seinen geliebten Sohn zu opfern. Darin hast du deinen Sohn vorgebildet, der für sein Volk geopfert werden sollte. Aber dein Engel hielt das Schwert zurück, das gezückt und ausgestreckt war über den gebundenen Sohn. Und du hast auf den Widder hingewiesen, der nicht aus anderen Schafen genommen war, der deine Wunder zeigen sollte.
Der Mensch jedoch, den du gebildet, war vom Teufel getäuscht. Von daher ist die ganze menschliche Natur befleckt. Jeder Mensch wird in der Erbsünde aus fleischlichem Verlangen empfangen. So ist die ganze Natur des Menschen verdreht oder verkrampft. Nicht ihresgleichen konnte sie aus der teuflischen Gefangenschaft befreien. Deshalb hast du beschlossen, daß das Kleid deines Sohnes aus der reinen Erde hervorgehen sollte, die noch keinen Keim hervorge-

bracht hat, deren Fruchtbarkeit das Feuer des Heiligen Geistes entzündet hat.
So hat die Jungfrau, erwärmt von der Glut des Heiligen Geistes, ihren Sohn geboren. Ohne die Glut des Heiligen Geistes konnte die Jungfrau niemals ihren Sohn gebären.
Dieses Geheimnis hast du im Widder, der in den Dornen hing, vorausgezeigt. Der Sohn Gottes, ohne menschliches Blut geboren, hat allein für die Sünde Adams am Kreuz gehangen. Denn niemand konnte ihm gleichen, ihm, der die Lebenden befreite und die Unterwelt geleert hat.

O Abraham! Du bist geschmückt mit der Beschneidung. Du bist ummauert vom Alten Testament. Du bist geziert mit der Morgenröte für die Sonne der Kirche.

In dieser Finsternis erschienen drei große Sterne, die in ihrem Glanz gegenseitig verbunden waren. Das sind große Lichter als

Bild der höchsten Dreifaltigkeit, nämlich Abraham, Isaak und Jakob.

4. Johannes der Täufer kam als Zeuge für das Licht

Johannes kam, um sich als Zeugnis für das Licht zu erweisen. Er war von Gott gesandt, von dem alle Lichter entzündet wurden, damit alle, die durch den Heiligen Geist feurig sind, an ihn glauben.

O du Spiegel für die Gestalt der reinen Taube! Im überaus reinen Born hast du das Ausmaß der Wunder geschaut.
O du wunderbare Blüte, die du keiner Dürre anheimgefallen bist, denn der höchste Gärtner selbst hat dich geschickt.
O du überaus süße Ruhe in den Umarmungen der Sonne. Du bist der auserwählte Sohn des Lammes in der vorzüglichen Freundschaft des neuen Erben.

5. Die Kirche, das neue Jerusalem, gebaut aus lebendigen Steinen

Zu deiner Rechten steht die Königin in golddurchwirktem Gewand, von Farbenpracht umgeben" (Ps 44,10).
O Sohn des Vaters, die Kirche steht da in der Vermählung des katholischen Glaubens. Durch deine Menschheit überflutet vom Rot des Blutes, wurde sie mit dem Glück übernatürlicher Sehnsucht beschenkt.
Sie ist umgeben von zahlreichen Gotteskräften, die sie im Hause deines Vaters bekam, als sie sich in die Umarmung deiner Liebe gab. Diese Vermählung geschah durch den Willen des allmächtigen Gottes, der ihn (seinen Willen) im leuchtenden Werk (der Auferstehung Christi) vollzog, als er den Menschen von überall her sammelte und ihn mit dem Gewand der Gerechtigkeit schmückte. Dafür wollte der Sohn Gottes im Fleische leiden, um den Menschen zu erlösen.

Nun freue sich der Mutterschoß der Kirche, weil ihre Söhne in ihrem Schoß zur himmlischen Symphonie versammelt sind. Denn die, die du in deinem Schoß wähnst, o schändliche Schlange, leuchten nun im Blut des Gottessohnes. Und deshalb sei dir Lob, du höchster König. Halleluja.

O Jerusalem, goldene Stadt, geziert mit dem Purpur des Königs. Du bist der Bau der größten Güte. Du bist das Licht, das niemals dunkelt. Du bist die Morgenröte, geschmückt mit der Glut der Sonne.

Freut euch mit mir und frohlocket! Baut auf das himmlische Jerusalem aus lebendigen Steinen! Ich habe den Menschen gefunden, der durch die List des Teufels verloren war. Obwohl die Menschen mehr ihrer Begierlichkeit als der Verehrung Gottes folgen, sollen sie dennoch eingebaut werden in das Heilswerk Gottes.

Und Jerusalem stieg hernieder, geschmückt wie eine Braut für ihren Mann. Diese Braut ist die heilige und geschmückte Seele, die Christus in der Brautgabe seines Blutes vermählt ist und zu ihm aufschaut wie eine Braut zum Bräutigam. Das heißt, der Sohn Gottes stieg selbst vom Himmel herab in den Schoß der Jungfrau und erbaute in ihr die neue und heilige Stadt Jerusalem.

O welches Seufzen und welche Tränen habe ich schon vergossen, als ich spürte, welch kleiner Trost mir beistand. Welchem Weinen und welchen Tränen habe ich mich aus Freude überlassen, weil jener Berg erschüttert wurde, in dessen Höhle ich mich selbst versteckte. Und ich sagte: O Mutter, o Mutter Zion, was ist alles geschehen? Von deiner mütterlichen Süße, die mich mit viel Lieben und Kosen ernährt hat, bin ich ausgegangen. Und nach diesen Tränen verlange ich. Dich, meine Mutter, möchte ich sehen.

Deshalb sage ich euch, die ihr des himmlischen Jerusalem teilhaftig werden wollt, lobt den Schöpfer mit wohlklingendem Glauben. Dieser tönt durch alle Werke Gottes und erfaßt den Geist. Die Seele des Menschen ist auf Symphonie hin angelegt. Und sie ist lobsingend.

6. Maria, überströmt vom Worte Gottes

Wie groß sind die Kräfte, die Gott in die Seite des Mannes gelegt! Aus ihnen hat Gott die Gestalt der Frau geschaffen. Sie hat er zum Spiegel all seiner Zierde und zur Umarmung aller Geschöpfe gemacht. Deshalb singen die himmlischen Orgeln, und alle Erde bewundert dich, o lobwürdige Maria! Denn Gott hat dich so sehr geliebt. O du Morgenröte, aus deinem Schoß geht die neue Sonne hervor, die alle Schuld Evas abwäscht. Sie hat größeren Segen gebracht, als Evas Sünde je schaden konnte.

O Maria! Du bist überströmt vom Worte Gottes. Deshalb blühte dein Schoß durch den Einzug des Heiligen Geistes. Er hat sich in dich hinein ausgehaucht und das in dir ausgesogen, was dir Eva eintrug, als sie, nach dem Willen des Verführers von Beflekkung versehrt, die Reinheit verloren hatte. Als der Sohn Gottes in deinem Schoß erblühte, als ihn die heilige Gottheit gegen die Rechte des Fleisches hervorgehen ließ – diese Rechte hat Eva begründet –, da hast du auf Grund des göttlichen Planes wunderbar in dir das unbefleckte Fleisch verschlossen. O Maria!

Christus spricht: Mein Vater ist die Allmacht. Ich bin sein klingendes Wort. Von ihm bin ich hervorgegangen, als er alle Schöpfung durch mich schuf. Und der Heilige Geist geht aus meinem Vater hervor. Deshalb bin ich in den Schoß der Jungfrau hinabgestiegen. Und ich habe aus ihr die Menschheit angezogen. Sie, deren Fleisch niemals vom Betrug der Schlange verwundet war, sie hat diese Menschheit vom Heiligen Geist empfangen.

O großes Wunder! Der König hält Einzug in die Gestalt einer Frau. Das bewirkte Gott, weil die Demut über alles hinaufsteigt. O welches Glück ist in dieser Gestalt, weil diese Frau die Bosheit wieder ausgelöscht hat, die einst von der Frau ausströmte. Und sie hat den überaus süßen Wohlduft der Gotteskräfte auferbaut. Sie hat den Himmel mehr geschmückt, als ihn die Erde vorher verwüstet hatte.

Nun öffnet sich die verschlossene Pforte, das heißt, Maria hat sie uns geöffnet. Das ist der Himmel, den die Schlange in der Frau erstickt hat. Deshalb leuchtet in der Morgenröte die Blume aus der Jungfrau Maria.
Die Frau hat den Tod errichtet, die leuchtende Jungfrau aber den Tod getötet. Deshalb ist vor aller Schöpfung der größte Segen in

der Gestalt der Frau, weil Gott Mensch geworden ist in der überaus milden und heiligen Jungfrau.

Es lausche die Erde, es zittern die Elemente! Weil alle Schöpfung in Freuden den ersten Ursprung dieser Jungfrau empfing. So daß der Himmel wie die Morgenröte glüht, wenn die Gotteskräfte in ihrer Leuchtkraft erstrahlen. Denn die Sonne der Wahrheit hat in diese Jungfrau alle Heiligkeit für die Seelen eingehaucht.

Grüne, o Reis! Wie die Morgenröte hervorkommt, so stehst du in deiner Hoheit da. Nun freue dich und juble! Sei gnädig deinen Schwachen. Befreie sie von ihren bösen Gewohnheiten. Reiche deine Hand, um uns zu erretten.

NACHWORT

Von Maria-Assumpta Hönmann

1. Hildegard von Bingen als Prophetin

Das Zweite Vatikanische Konzil hat bekräftigt, daß das ganze Gottesvolk teilnimmt am Prophetenamt Christi. Hildegard von Bingen (1098–1179) war von dieser prophetischen Verbindung aller Gläubigen mit Christus zutiefst durchdrungen. Sie selbst erfuhr den prophetischen Auftrag als lebendiges inneres Gnadenerlebnis, das sie nach der Art der alttestamentlichen Propheten – sich ihrer Sendung bewußt – in Visionsbilder faßte und verkündete. Deshalb wird die heilige Hildegard bereits in der zeitgenössischen Beschreibung ihres Lebens, der Vita der Mönche Gottfried und Theoderich, Prophetin genannt.

Was sie sah und hörte, nahm Hildegard, wie

sie selbst schreibt, weder mit den äußeren Sinnen noch mit den Gedanken des Herzens wahr, sondern allein mit der Erkenntniskraft des Geistes. In ihren Bildern sah sie stets die großen Zusammenhänge des Heilsgeschehens, und sie erlebte das Urdrama, den Kampf zwischen Gott und Luzifer um die Vergöttlichung des Menschen gleichsam mit. Aus diesem Erleben leitete sie auch den göttlichen Auftrag ab, Prophetin für ihre Mitmenschen zu sein. Immer wieder fühlte sie sich durch die innere Stimme ermuntert: „Rufe und verkünde! Sei nicht furchtsam, sage, was du im Geist erkennst, die du im Inneren belehrt bist durch den Hauch des Mysteriums. Wenngleich du auch vom männlichen Geschlecht niedergetreten wirst, wegen der Sünde Evas. Künde dennoch das feurige Werk, das dir unabweislich gezeigt wird."
Zu leicht engen wir den Begriff Prophet heute ein und verstehen darunter nur mehr einen mehr oder weniger lästigen Mahner. Die heilige Hildegard sah ihre Aufgabe umfassender. Nicht allein mit Worten, sondern mit ihrer ganzen Persönlichkeit, mit ihrer

ganzen Kraft, verkündete sie das Eine, alles Entscheidende: Gott liebt uns mit einer göttlichen, das heißt für uns unvorstellbaren Liebe. Es ist das Wort des göttlichen Vaters, in dem dieser seine ganze Liebe ausspricht; in seinem einzigen Sohn hat er sie uns geschenkt. Dieses Wort ist, wie Hildegard in ihrem dritten Visionswerk schreibt, der Ursprung der Prophetie. Die Prophetie gibt der Heilige Geist in unfaßbarer Liebe an uns Menschen weiter. Hildegard wird nicht müde zu betonen, daß Gott in seinem göttlichen Wort die ganze Schöpfung konzipiert und ausgesprochen hat. Der Mensch wiederum – als Gottes Bild geschaffen – hat das geistige Vermögen, dieses Wort zu erwidern, und ist seinerseits dazu geschaffen, Gott ohne Ende zu lieben.

Hildegards Visionen umschreiben die göttliche Liebe in wunderbaren, mütterlichen Bildern. Wie die alttestamentlichen Propheten die Brautliebe und die Mutterliebe Gottes besungen haben, so drückt auch Hildegard ihre Erfahrung der Liebe Gottes in den gleichen Motiven aus. Sie schreibt: „Im Kommen seines Wortes hat uns die Mutterliebe Gottes umarmt." Oder: „Bei der Erschaffung bist du mir Mutter geworden."

2. Leben und Schriften

Wie sich aus verschiedenen Urkunden ermitteln läßt, stammt Hildegard aus dem altfränkischen Hochadel derer von Vermersheim. Sie wurde im heutigen Bermersheim bei Alzey geboren; ihr Vater hieß Hildebert und ihre Mutter Mechthild. Hildegard war das jüngste Kind, noch weitere acht Geschwister lassen sich namentlich in Urkunden nachweisen. Die frommen Eltern brachten Hildegard als „Zehnt" ihrer Kinderschar Gott dar, weil sie – wie ihre Vita berichtet – schon früh erkannten, daß Hildegard ein religiös aufgeschlossenes Kind war.
Am Allerheiligenfest des Jahres 1106 übergaben sie das achtjährige Kind schweren Herzens in die Obhut der Klausnerin Jutta von Spanheim. Mit ihr lebte Hildegard von nun

an in einer Klause, die dem benediktinischen Mönchskloster auf dem Disibodenberg, dort, wo die Glan in die Nahe fließt, angeschlossen war. In ihren autobiographischen Schriften berichtet Hildegard ausführlich aus dieser ersten Zeit mit Jutta. Von Kindheit an besaß sie die Gabe der Schau, die Gott ihrer Seele eingeprägt hatte, als ihre „Gebeine, Nerven und Adern noch nicht erstarkt waren“. Zunächst sprach Hildegard ganz unbefangen über das, was sie sah, schwieg aber dann davon, als sie merkte, mit welch zweifelndem Staunen ihre Umgebung reagierte. Erst mit etwa fünfzehn Jahren offenbarte sie sich ihrer Meisterin Jutta. Man darf heute nicht übersehen, was es bedeutete, daß Jutta sie in dieser Weise führte und förderte. Sie hatte das große Geschick, Hildegards visionärer Gabe mit mütterlicher Einfühlung klug und liebevoll zu begegnen. Zwischen 1112 und 1115 legte Hildegard ihre Gelübde ab und empfing aus der Hand des hl. Bischofs Otto von Bamberg den geweihten Schleier.

Hildegard nannte sich selbst stets eine ungelehrte Frau. Ungelehrt deshalb, weil sie nicht an den großen Klosterschulen und aufkommenden Universitäten ausgebildet worden war, was zur damaligen Zeit für eine Frau undenkbar gewesen wäre. Aber Jutta hatte sie im Psalmengesang und Bibellesen unterrichtet und auch über Hildegards Begabung mit Abt Kuno vom Disibodenberg gesprochen. Er schickte Hildegard den Mönch Volmar, von dem sie in der Vorrede zu ihrem ersten Buch „Scivias" schreibt, daß sie ihn als Lehrer heimlich gesucht und gefunden habe. Er wurde später ihr Sekretär, der ihr auf den Rupertsberg folgte. Wahrscheinlich hat Hildegard durch diesen Lehrer Zugang zur großen Mönchsbibliothek erhalten und sich ein profundes Wissen erworben.

1136 starb Jutta von Spanheim, und die 38jährige Hildegard wurde einstimmig zur geistlichen Mutter des inzwischen herangewachsenen Disibodenberger Nonnenkonventes gewählt. 1141 begann mit dem Buch „Scivias" die Zeit ihres prophetischen Anspruchs. Abt Ildefons Herwegen (Maria Laach) schrieb im Geleitwort zur ersten deutschen Übersetzung dieses Visionswerkes:

„Hildegard sah sowohl in den Menschen wie in allem Naturgeschehen die Verwirklichung göttlicher Gedanken.“ Zehn Jahre sollte Hildegard an diesem Werk arbeiten. Es spiegelt noch ganz die Lehre der Kirchenväter wider.

Alle Schriften beginnen mit einem Ringen Hildegards um ihre Prophetengabe. Wie Mose im Buch Exodus wagt sie stets den prophetischen Einwand, doch die Stimme, die sie hört, widerspricht, sie solle nicht furchtsam sein wegen ihres Frauseins und der Sünde Evas. Am Ende gibt Gott selbst das prophetische Zeichen, auf das jede Prophetie hinzielt: die Auferstehung seines Sohnes, der in der „feurigen Liebe“ alle Menschen erwekken wird.

Auf der Trierer Synode 1147–1148 bestätigte Papst Eugen III. Hildegards Charisma als Gabe des Heiligen Geistes und ermunterte sie, mit der Verkündigung ihrer Visionen fortzufahren. Nun begann eine rege Brieftätigkeit, die besonders dadurch möglich wurde, daß Hildegard um die Mitte des 12. Jahrhunderts mit achtzehn ihrer Schwestern in ein neu erbautes Kloster auf den Rupertsberg bei Bingen gezogen war. In einer Vision war sie aufgefordert worden, diese Einöde neu zu besiedeln. Damit war sie nun an die zur damaligen Zeit so wichtige Römerstraße (die heutige Hunsrück-Höhenstraße) gezogen, und es ist anzunehmen, daß sie an diesem Verkehrsknotenpunkt nun auch verstärkt Gelegenheit hatte, mit dem damaligen Bildungswesen in Kontakt zu kommen. Selbst Kaiser Friedrich Barbarossa bemühte sich in der Folgezeit sehr um gute Beziehungen zu Hildegard, obwohl sie wegen des dreimaligen Schismas, das dieser verschuldet hatte, keineswegs mit Tadel zurückgehalten hatte.

Schwierigkeiten innerhalb ihrer Gemeinschaft und mit außenstehenden Gelehrten veranlaßten Hildegard zum zweiten Visionswerk, dem „Buch von den Lebensverdiensten", einem christozentrisch-ethischen Werk, das des Menschen Verantwortung für das Leben der Natur und für das Leben der Übernatur aufzeigt. Vor diesem zweiten großen Werk hat Hildegard noch eine Reihe kleinerer Schriften verfaßt, u. a. einen Kom-

mentar zur Benediktregel und eine liturgisch orientierte Evangelienerklärung. Auch ihre musischen Werke, siebzig Lieder und ein Singspiel, stammen aus dieser Zeit.
In der Zeit von 1163–1173 verfaßte Hildegard ihre dritte große Visionsschrift, ein theologisch-philosophisches Werk, das die Heilszeit, den Kairos, zum Gegenstand hat. Danach schrieb sie noch einige kleinere Werke, darunter einen Kommentar zum Athanasischen Glaubensbekenntnis und zwei Lebensbeschreibungen, die des hl. Disibod und die des hl. Rupertus. Auf Drängen der Zisterzienser von Villers in Brabant hat sie darüber hinaus noch drei Jahre vor ihrem Tod 38 theologische Einzelfragen in einem umfangreichen Brief beantwortet. Am 17. September 1179 starb Hildegard von Bingen.

3. Ihre Gebete und Meditationen

Auf dem Hintergrund ihres so bewegten Lebens sind auch Hildegards geistliche Texte zu verstehen. Ebenso wie ihre großen Werke insgesamt, so legen auch die einzelnen Gebete und Meditationen Zeugnis ab vom Ringen Gottes und des Menschen mit der Macht des Bösen. Hildegard stand mitten in diesem Kampf. Dennoch bleiben ihre Texte nicht vordergründig im Asketischen, Moralischen oder Psychologischen stecken, sondern ragen in die Welt des Transzendenten hinein, dorthin, wo Gott an der Seite des Menschen kämpft, ihm mit seiner Gnade hilft und ihn mit seinen Sakramenten belebt und stärkt und die Teilhabe an seinem Leben schenkt. Ja mehr noch: Die Gebete zeigen, daß menschliche Not und menschliche Freude die persönliche Anteilnahme des Gottmenschen herausfordern. In seinen Tod, seine Auferstehung und Himmelfahrt sind die Menschen und alles, was sie bewegt, hineingenommen und so erlöst, verklärt und in Gott aufgenommen. Das wollen die Bilder sagen, die Hildegard so reichlich verwendet und die vielfach der Heiligen Schrift entnommen sind.

Wenn heute die Psychologie die Symbole, die

Bildersprache der Seele, wiederentdeckt, so wollen Hildegards Bilder Ausdruck und Symbol für das Leben der Übernatur sein, für die Frage, die Hildegard und die auch uns so sehr bewegt: „Warum läßt Gott das Leid und das Böse zu?" Die Antwort auf diese Frage gibt Gott uns selbst. In Jesus Christus hat er uns in sein Leben hineingenommen. Für dieses, das göttliche, das zukünftige Leben erleiden und durchkämpfen wir die gegenwärtigen Schwierigkeiten. Wir erwarten ein anderes Leben, die Auferstehung. Dank dieser Hoffnung dürfen wir schöpferisch mit Gott zusammenwirken, dürfen wir die Welt aufbauen zu einem neuen Himmel und zu einer neuen Erde.

Reue und Buße sind dabei nicht bloße Wiedergutmachung eines angerichteten Schadens, sondern ein Beitrag zur Auseinandersetzung zwischen Gott und dem Bösen. Die Sünde ist die Frucht einer ganz persönlichen Entscheidung. Durch Reue, Buße und Sakramentenempfang holt der Mensch Gottes Liebe in die haßerfüllte Welt. Er darf von Gottes Liebe Besitz ergreifen und seine Liebe dazu schenken. Das wollen die Gebete Hildegards immer neu zum Ausdruck bringen. Hildegard von Bingen hat in ihrer Zeit die Last des Propheten in der Freude an Gott getragen. Jubeln konnte sie, weil der Sohn zu uns gekommen ist und durch Leid und Kreuz zum Vater zurückkerte, um einst wiederzukommen in Herrlichkeit. Möge die Heilige helfen, daß die Menschen in unserer Tagen die Last des Propheten in der Freude an Gott als süße Last erfahren.

Dieses Buch soll nicht aus der Hand gehen ohne einen herzlichen Dank. Nach Gott danke ich denen, die mir Hildegards Bilderwelt erschlossen häben. Ferner gilt mein Dank dem Verlag Herder und nicht zuletzt auch Herrn Professor Dr. Heinrich Schipperges, Heidelberg. Gewidmet sei der Band unseren glaubensstarken Eltern von acht Kindern zum hundertsten Geburtstag 1992 und 1994.

Abtei St. Hildegard, Eibingen,
Erster Adventssonntag 1992

Sr. Maria-Assumpta Hönmann OSB

QUELLENNACHWEIS

ANA Analecta Sanctae Hildegardis Opera Spicilegio Solesmensi parata, ed. Joannes B. Card. Pitra, Montecassino 1882.

ANT Antiphon: Analecta Sanctae Hildegardis Opera Spicilegio Solesmensi parata, ed. Joannes B. Card. Pitra, Montecassino 1882.

CC Causae et curae (Ursachen und Heilung [der Krankheiten]), ed. Paul Kaiser, Leipzig 1903; Basel ^{2}1980 (Hildegardgesellschaft).

EP Epistula 47: Patrologiae cursus completus. Series Latina, ed. J.-P. Migne, Band 197, Paris 1882.

EPI Hildegardis Bingensis Epistolarium I-XC, Pars Prima: Corpus Christianorum, Continuatio Mediavalis 91, ed. L. Van Acker. Turnhout 1991.

EXPL Explanato Symboli Sancti Athanasii (Auslegung des Glaubensbekenntnisses des hl. Athanasius): Patrologiae cursus completus, ed. J.-P. Migne, Band 197, Paris 1882.

HYM Hymnus: Analecta Sanctae Hildegardis Opera Spicilegio parata, ed. Joannes B. Card. Pitra, Montecassino 1882.

LDO Liber divinorum operum (Das Buch der Gotteswerke): Patrologiae cursus completus. Series Latina, ed. J.-P. Migne, Band 197, Paris 1882.

LVM Liber vitae meritorum (Das Buch der Lebensverdienste): Analecta Sanctae Hildegardis Opera Spi-

	cilegio Solesmensi parata, ed. Joannes B. Card. Pitra, Montecassino 1882.
ORDO	Ordo virtutum (Spielordnung der Kräfte): Analecta Sanctae Hildegardis Opera Spicilegio Solesmensi parata, ed. Joannes B. Card. Pitra, Montecassino 1882.
Pitra	Analecta Sanctae Hildegardis Opera Spicilegio Solesmensi parata, ed. Joannes B. Card. Pitra, Montecassino 1882.
PL	Patrologia cursus completus. Series Latina, ed. J.-P. Migne, Band 197, Paris 1882.
RESP	Responsorium: Analecta Sanctae Hildegardis Opera Spicilegio Solesmensi parata, ed. Joannes B. Card. Pitra, Montecassino 1882.
SCIV	Scivias (Wisse die Wege): Corpus Christianorum, Continuatio Mediaevalis 43 und 43A, ed. Adelgundis Führkötter OSB collaborante Angela Carlevaris OSB. Turnhout 1978.
SOL	Solutiones (Lösungen [von theologischen Fragen, die Hildegard gegen Ende ihres Lebens gestellt wurden]): Patrologiae cursus completus. Series Latina, ed. J.-P. Migne, Band 197, Paris 1882.

I Anfang des Betens

1. SCIV: CC CM 43A III,1 / 37–107
   EP: Pitra 321–323
   EPI: CC CM 91
2. EP 47: PL 197 / 237BC-237CD
   LVM: Pitra 115 (29)
3. EP 47: PL 197 / 239AB-240AB

II Der Kuß des Schöpfers

1. LDO: PL 197 / 888D-889CD
   ANA: Pitra 359–360
   EP 47: PL 197 / 221D-222AB
2. SCIV: CC CM 43 I,3 / 293–309
   CC: Kaiser 65,19
   SCIV: CC CM 43 II,2 / 91–105
   LDO: PL 197 / 1033BC
3. LVM: Pitra 197–198 (39–40)
   EXPL: PL 197 / 1075BC
   ANT: Pitra 442
   LDO: PL 197 / 885BC
   EP 47: PL 197 / 237A
   HYMN 58: Pitra 453
4. LDO: PL 197 / 764CD-765A
   LDO: PL 197 / 893AB
   SCIV: CC CM 43 I,4 / 685–688
   SCIV: CC CM 43 I,4 / 828–843
   HYMN 53: Pitra 450–451
5. LDO: PL 197 / 870CD
   EXPL: PL 197 / 1073A-C
   SCIV: CC CM 43 I,4 / 260–263, 334–353
   LDO: PL 197 / 864AB
   LDO: PL 197 / 796BC
6. SCIV: CC CM 43 I,3 / 502–551
   SCIV: CC CM 43 I,4 / 923–960

III Der große Arzt

1. LVM: Pitra 168 (50)
   LVM: Pitra 164–165 (44)

2. LDO: PL 197 / 882CD
   HYMN 57: Pitra 457
   SCIV: CC CM 43 II,3 / 606–610
   SCIV: CC CM 43A III,13 / 210–214
3. SCIV: CC CM 43A III,1 / 222–248
   LDO: PL 197 / 864CD-865AB
   SCIV: CC CM 43 I,4 / 710–723
   ORDO: Pitra 458
4. SCIV: CC CM 43 I,4 / 966–974
   SCIV: CC CM 43 I,3 / 600–608
   LDO: PL 197 / 972D-973AB
   ANA: Pitra 359
5. LDO: PL 197 / 1005CD-1006AB
   ANA: Pitra 363
   ANA: Pitra 361
6. LDO: PL 197 / 1024D-1025CD
   LDO: PL 197 / 1034BC-1034CD

IV Das Werk des Heiles

1. EP 47: PL 197 / 240B-241C
   SCIV: CC CM 43 II,4 / 309–317
   EP: PL 197 / 227CD
   ANT: Pitra 362
   HYMN: Pitra 450
   ANT 8: Pitra 442
2. LDO: PL 197 / 978B-980A
   SCIV: CC CM 43 II,3 / 339–342
3. SCIV: CC CM 43 II,6 / 1291–1320
4. SCIV: CC CM 43 II,6 / 911–955
   SCIV: CC CM 43 II,6 / 469–481
5. SCIV: CC CM 43A III,5 / 325–354

LVM: Pitra 27 (57)
6. RESP 1: Pitra 441
LDO: PL 197 / 981CD
ANT 3: Pitra 441
ANA: Pitra 359–360
ANA: Pitra 360
ANA: Pitra 364
SCIV: CC CM 43 II,3 / 528–533

V Wege zum lebendigen Licht

1. ORDO: Pitra 457–458
SCIV: CC CM 43A III,13 / 578–583
EXPL: PL 197 / 1974BC
LVM: Pitra 242 (64)
ANA: Pitra 362
RESP 24: Pitra 445
ANT 23: Pitra 445
2. EP 47: PL 197 / 236BC-237D
EP 47: PL 197 / 237D-238CD
3. SCIV: CC CM 43 II,3 / 434–436
SCIV: CC CM 43 II,1 / 261–266
4. LDO: PL 197 / 894AB
ANT 27: Pitra 445
5. LDO: PL 197 / 983AB-984AB
ANT 48: Pitra 449
ANT 64: Pitra 455
SCIV: CC CM 43A III,2 / 603–612
LDO: PL 197 / 866AB
SCIV: CC CM 43 I,4 / 145–153
LDO: Pitra 171 (59)
6. HYMN: Pitra 451

RESP 11: Pitra 442–443
SOL 23: PL 197 / 1047CD
ANT 16: Pitra 443
ANT 12 und 13: Pitra 443
ANA: Pitra 364
ANA: Pitra 362